3쿠션 시스템가이드 핸드북

3cushion system guide for beginner

개정판

지은이 **정명섭**

snapsazin

책에 사용된 용어

3쿠션 쓰리쿠션
수구 플레이어의 공(큐볼)
1적구 첫 번째 목적구(오브젝트볼)
2적구 두 번째 목적구
테이블날 공에 맞는 고무 끝(레일)
3시2팁 세시투팁
예각 입사각 반사각이 좁은 각도
둔각 입사각 반사각이 넓은 각도
플루크 잘못된 경로로 득점되는 형태
맥시멈잉글리시 최고회전
노잉글리시 무회전

스트로크
밀어치기(밀기)
당겨치기(끌기)
잘라치기

유형
뒤돌리기
앞돌리기
옆돌리기
비껴치기
걸어치기
넣어치기
세워치기
가로치기

시스템은 세로가 가로의 두배인 당구 테이블 규격으로 인해 수학계산이 가능하기 때문에 만들어졌고 사용되는 것이다.

3쿠션에서 디펜스라는 용어는 사용하지 않으며 세이프티로 대신한다. 상대방이 나를 견제하는 정당한 것이며 세이프티 플레이를 치사하다거나 불편하게 생각하는 것은 자신에게 해결 능력이 없는 것을 시인하는 감정 표현에 불과하므로 무의미하다.

영어가 국제공용으로 사용되는 당구 경기의 모든 용어를 한글화 할 필요는 없겠지만, 목적없이 일본어를 사용하는 행위는 잘못된 습관을 고치려고 노력하지 않는 행동이므로 자제하는 것이 옳다. **어색함을 이기고 꾸준히 노력하는 것**이 진정 용기있는 행동임을 상기하자.

3쿠션 시스템가이드 핸드북

머리글

이 책은 **3쿠션 시스템 입문서**이며 당구에 관한 총론, 자세등 구체적 나열은 배제하고 시스템 위주로 설명하였다.

시스템 입문자를 대상으로 하였기 때문에 계산이 어렵거나 오래 걸리는 시스템은 제외하였고, 책을 순서대로 읽다보면 이해되도록 구성하였으며 **파이브앤하프시스템**을 중심으로 시스템 입문자가 꼭 알아야 할 내용만을 엄선하였다.

시스템의 필요 유무에 대한 의견이 다양하지만 시스템을 구구단이라고 생각해보면 누구에게, 왜 필요한지 파악이 될 것이다. 구구단을 몰라도 살아가는데 큰 어려움은 없지만 알고 지내면 훨씬 편리하고 더욱 수준 높은 방정식을 배울 수 있는 기초능력을 얻게 되는 것처럼 시스템을 배운다는 것은 탄탄한 기초를 익히고 끝없는 발전의 원동력을 갖추는 셈이다.

또한 3쿠션을 즐기는 사람은 자신에게 무엇이 부족하고 어떤 연습을 해야 하는지 알고 있다. 다만 기준없이 반복된 스트로크만으로는 연습이 될 수 없으며 발전 또한 느릴 수밖에 없는데 시스템은 그런 이들에게 **기준을 제공하는 가치**가 있으며 기준만 분명하다면 누구나 자신의 단점을 쉽게 수정 보완할 수 있을 것이다.

감각이란 재능의 다른 이름이며 감각으로 친다는 말은 경험으로 친다는 뜻에 불과하다. 시스템이라는 기준을 사용한다면 그 경험을 쌓는 시간을 더욱 유용하고 소중하게 만들 수 있음은 자명하다. 또한 당구장 고수등의 선배들에게 구전으로 배우는 것과 시스템을 독학하는 내용은 같을 수밖에 없다. 결국 3쿠션은 반복경험을 필요로 하고 시스템 또한 선배들의 경험을 숫자로 남겨 놓은 것이기 때문이다.

3쿠션 게임중에 가장 많이 접하게 되는 뒤돌리기, 앞돌리기, 옆돌리기, 비껴치기, 세워치기, 가로치기, 대회전등의 몇가지 형태에 대한 분명한 기준만 있다면 발전은 말 그대로 시간문제가 될 것이다.

물론 시스템을 배운다고 해서 없는 재능이 만들어지는 일은 없겠지만 같은 포지션에 대한 실수가 줄고 기본 포지션 해결 능력이 발전하게 되면 좋은 경험이 쌓여가는 것과 함께 스스로의 발전을 직감하게 될 것이다.

어떤 도구라도 활용하는 이에 따라 가치는 천차만별이므로 부디 본 도서와 함께 여러분의 목적을 이루시기 바란다.

차례

머리글   004

수지참고	008
ABC룰	010
입사각/반사각/분리각	012
당점	013
초구치는 방법	014

파이브앤하프시스템

파이브앤하프 쿠션수와 수구수	018
파이브앤하프 수구수 기준	020
파이브앤하프 수구수 활용	022
파이브앤하프 빈쿠션 계산	026
4쿠션앵글라인	032
목적구앵글라인 이중확인	034
이미지볼로 수구위치 찾기	040
수구앵글라인	046
수구앵글라인 보정	048
짧아지는 앵글라인	052
편리한 5쿠션 사용	054
파이브앤하프 떠있는볼 위치찾기	056
파이브앤하프 앞돌리기	058
파이브앤하프 옆돌리기 보정	060
파이브앤하프 대회전	062
파이브앤하프 비껴치기 대회전	064
파이브앤하프 2쿠션 사용	068
파이브앤하프 엄브랠러시스템	070
파이브앤하프 덧셈시스템	072
파이브앤하프 단장단시스템	076

플러스시스템

플러스시스템 코너값	080
플러스시스템 I	082
플러스시스템 II	084
플러스시스템 III	086
플러스시스템 IV	088
아코디언 횡단시스템	096
롱쿠션 더블레일시스템	098
17빼기 숏쿠션 더블레일시스템	100
평행이동 더블쿠션시스템	102
리버스시스템 I	104
리버스시스템 II	106
비껴치기	108
맥시멈잉글리시 비껴치기	110
642 앞돌리기	114
플레이트시스템	116

3쿠션 역사

3쿠션 세계선수권, 월드컵대회 역사	120

노잉글리시시스템

노잉글리시 이해	126
노잉글리시 시스템	128
평행이동 옆돌리기	130
노잉글리시 다이아몬드시스템	132
노잉글리시 횡단 더블시스템	134
012 노잉글리시 대회전시스템	136
노잉글리시 036시스템	138
노잉글리시 1234시스템	140
노잉글리시 2뱅크시스템	142
567시스템 세워치기	144
567시스템 더블쿠션	146
무회전 옆돌리기	148
노잉글리시 당점변화 이해	150

꼬리글

체계화된 감각을 위한 시스템	158

수지참고

수지는 에버리지를 기준으로 정하는 것이지만 4구를 먼저 배우는 사례가 많은 한국 유저들의 특성상 4구에 비례하는 3쿠션 점수를 알고 싶어한다. 물론 아래 도표는 어떤 기준도 될 수 없으며 참고용으로만 사용해야 한다.

4구기준 3쿠션 핸디점수

4구 점수	3쿠션 점수
500점	27점 이상
400점	23~25점
300점	20~23점
250점	18~20점
200점	15~17점

중대 대대별 3쿠션 핸디 점수

4구 점수	중대	대대
선수	40점	35점
400점	25점	23점
300점	23점	20점
250점	20점	18점
200점	18점	16점

대한 당구연맹 공식 수지표
(에버리지 비례 점수)

핸디	에버리지	이닝
10점	0.17	50
11점	0.20	49
12점	0.24	48
13점	0.28	47
14점	0.30	46
15점	0.33	45
16점	0.36	44
17점	0.40	43
18점	0.43	42
19점	0.46	41
20점	0.50	40
21점	0.54	39
22점	0.58	38
23점	0.62	37
24점	0.67	36
25점	0.71	35
26점	0.76	34
27점	0.82	33
28점	0.88	32
29점	0.94	31
30점	1.00	30

기준=Game x 25=점수 (반올림적용)

3쿠션 에버리지는 7경기 평균 점수에 25를 곱한 수

ABC룰
UMB 경기의 기본 룰

순서는 **뱅킹**으로 정하고 상대방 공이 숏쿠션을 맞기전에 뱅킹을 해야한다.

공이 붙은 것을 **프로즌**이라고 하며 떼거나 붙은 상태로 치는 것을 플레이어가 선택할 수 있고 **A,B,C 룰**에 따라 재배치한다.

A는 공격자의 공 위치, B는 상대 선수의 공 위치, C는 빨간공 위치를 뜻하는데 공격자 공은 A위치, 빨간공은 C 위치에 놓는다.

게임도중 공이 테이블 밖으로 떨어지면 떨어진 공만 테이블의 중앙에 놓고 내 공과 빨간공이 함께 떨어지면 내 공은 A위치에, 빨간공은 C위치에 둔다. 만약 공 세개가 모두 테이블을 벗어났을 때에는 A,B,C룰대로 놓는다.

공식경기에서는

1. 시간 초과 했을 때와 상대방의 공으로 플레이 했을때 초구 배치 후 다시 플레이 한다.

2. 상대방 수구로 공격한것을 자신이 발견하면 그 자리에서 공을 바꿔 자신의 수구로 계속 공격할 수 있다.

*2의 경우, 동호인 경기에서는 오구 발견전까지의 점수를 인정해 주고 순서를 넘기지만 공식 경기는 위와 같다.

*UMB 세계당구연맹

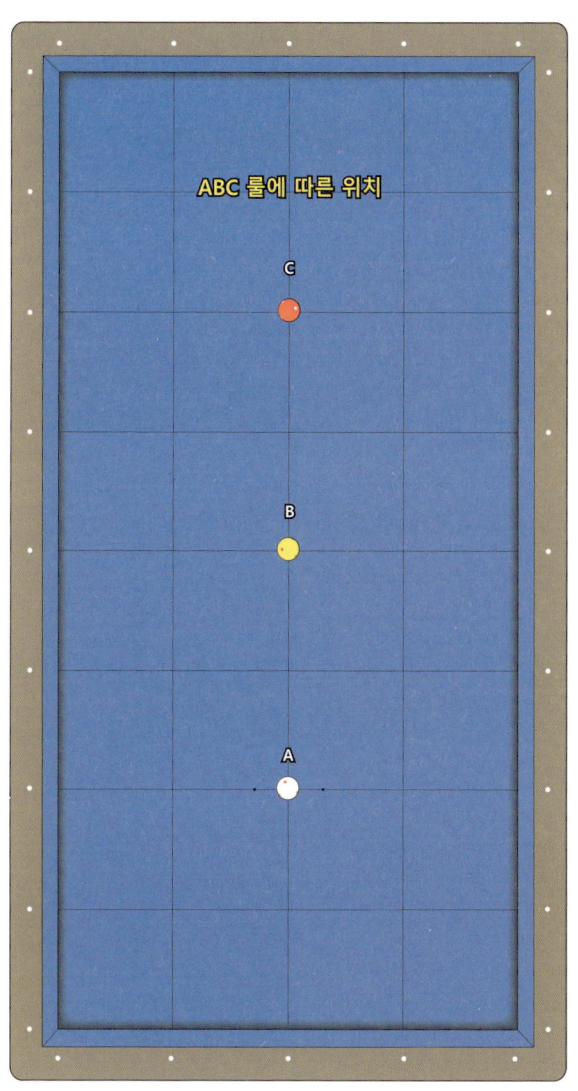

입사각/반사각/분리각

분리각은 당점과 스트로크 세기에 의해 결정되며 단지 참고용으로 사용해야 한다.

2/3 두께 일때 약70도 (1적구는 20도)
1/2 두께 일때 약60도 (1적구는 30도)
1/3 두께 일때 약48도 (1적구는 42도)
1/4 두께 일때 약42도 (1적구는 48도)
1/8 두께 일때 약30도 (1적구는 60도) 를 형성한다.

입사각, 반사각, 분리각은 3쿠션의 필수지식이기에 꾸준히 연습해야 한다. 분리각은 수구와 목적구의 합인 **90도**이며 당점과 스트로크의 세기에 따라 수구와 목적구의 비율이 변한다.

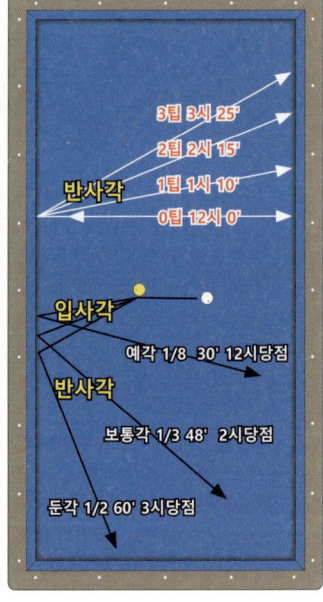

당점

무회전은 오로지 수구의 정중앙을 타격했을 때만이고 같은 중앙이라도 12시는 공이 앞으로, 6시는 반대인 뒤쪽으로 회전하므로 좌우 회전이 없을 뿐 무회전과는 다르다.

3쿠션 국제공인구는 61.5mm이며 한팁은 약 6mm이다. 즉 1팁을 움직인다는 것은 큐를 6mm 이동한다는 뜻이지만 실제로는 팁끼리 겹쳐 구사하므로 약4mm 이동하는 것이다.

맥시멈이란 큐로 타격 가능한 범위의 가장자리를 말하며 스트로크 연습없이는 큐미스를 범하기 쉬우니 주의한다.

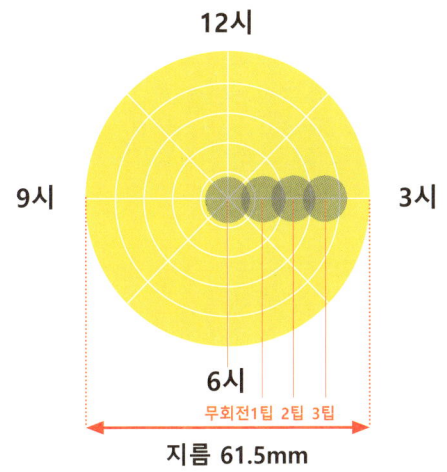

초구치는 방법

뱅킹을 통해 선공과 후구를 정했다면 선공자는 초구를 치게 되는데 오른손잡이는 수구를 끌어쳐야 하는 b위치보다는 굴려치는 a위치가 자연스럽지만 선택은 플레이어의 습관에 기준한다.

초구에서 중요한 것은 **1적구를 f위치로 보내어 포지션을 만드는 것**이고 초구를 파이브앤하프시스템으로 계산하면 3쿠션 지점은 30이고 수구는 33이다.

1쿠션=수구수-3쿠션수의 공식이므로 **33-30=3**이 된다. 1쿠션의 3포인트를 맞추면 3쿠션 30포인트를 거쳐 득점하게 된다.

당점은 1시, 스트로크는 타격을 가하지 않고 앵글라인에 얹어 놓는 느낌으로 부드럽게 친다.

앵글라인 : 수구가 구르는 각도, 흰색실선

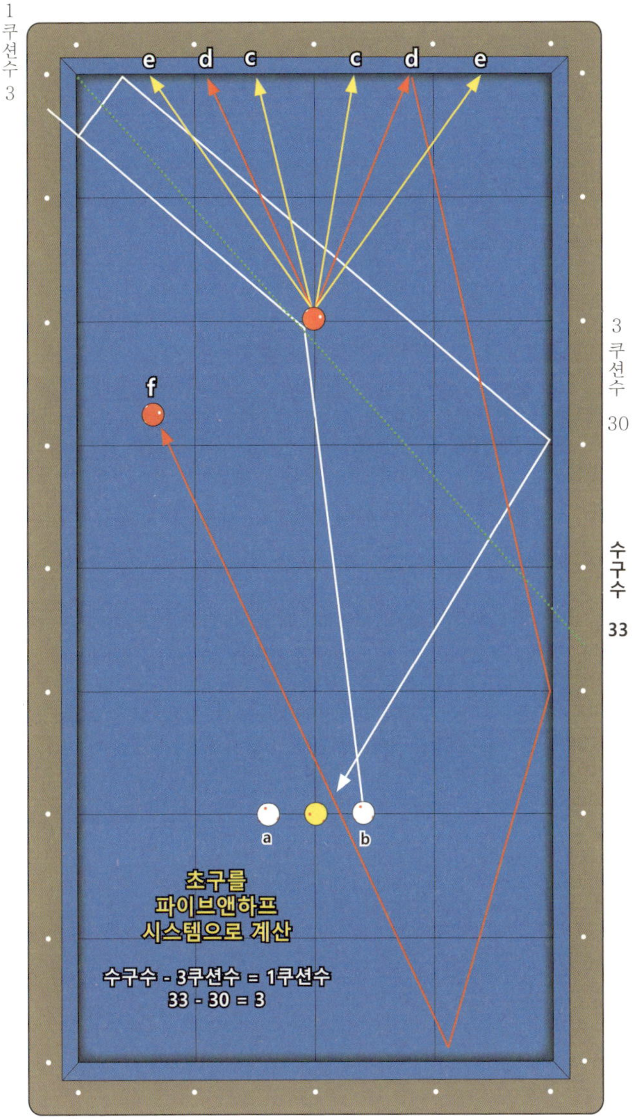

1쿠션수 3

e d c c d e

3쿠션수 30

수구수 33

f

a b

**초구를
파이브앤하프
시스템으로 계산**

수구수 - 3쿠션수 = 1쿠션수
33 - 30 = 3

5½ System
파이브앤하프시스템

파이브앤하프시스템이 처음 소개된 것은 1915년 미국의 Spanish Billiards Magazin이었고 공개와 동시에 많은 플레이어들이 이를 사용하였다. 파이브앤하프시스템을 꾸준히 사용하던 이들이 각자 수정, 보완해서 사용하다가 벨기에의 위대한 3쿠션 챔피언 레이몽드 클루망(1937년~)선수와 피에르 게이스만(집필도중 사망)이 1976년부터 당시까지 알려진 지식과 자신들의 경험을 모으고 연구, 정립하여 1979년 자신의 백번째 우승 기념으로 발표하였다. 그래서 레이몽드 클루망의 파이브앤하프시스템 이론서는 자신의 별명을 사용하여 제목을 '미스터100' 이라고 지었다.

클루망과 게이스만은 파이브앤하프 장.단.장시스템과 단.장.단시스템, 플러스투시스템등을 개발하였고 이후 파이브앤하프시스템의 취약점을 해결한 조이의 짧은각시스템이 개발되면서 파이브앤하프는 현존하는 가장 쉽고 완벽한 시스템이 되었다.

그 후 수많은 시스템이 개발되었지만 파이브앤하프시스템 만큼 쉽고 빠른 계산법을 가진 경우는 없으며 그 시스템들의 대부분이 파이브앤하프시스템을 응용하면 구현 가능하기 때문에 3쿠션을 즐기고 싶고 기초를 탄탄히 하고 싶다면 파이브앤하프시스템과 플러스투시스템 만큼은 완벽하게 익혀두는 것이 좋다.

현대에는 수구의 기준이 되는 코너값을 5가 아닌 50으로 바꾸어 계산한다. 일단위 소숫점보다 십단위 계산이 편리하기 때문이지만 플레이어의 편의에 따라 일단위나 십단위를 바꾸어 사용한다.

파이브앤하프시스템
쿠션수와 수구수

파이브앤하프시스템은 테이블 포인트에 임의의 숫자를 지정하여 사용하고 내용은 오른쪽 그림과 같다. 시스템 구사는 **일정한 스트로크**가 기본이고 **포인트 위치값**을 반드시 알아야 한다.

내 공(이하 수구)이 **오른쪽 아래 코너에서** 왼쪽 위를 향해 **출발**하는 형식을 파이브앤하프 장.단.장시스템이라 하며 수구가 왼쪽에서 출발하면 모든 위치값도 반대로 바뀐다.

장단장시스템이란
긴 쿠션 출발, 짧은 쿠션, 긴 쿠션 순서로 내 공이 진행하는 것을 줄여서 표현한 것이다. 반드시 단장단시스템과 함께 익혀 두어야 한다.

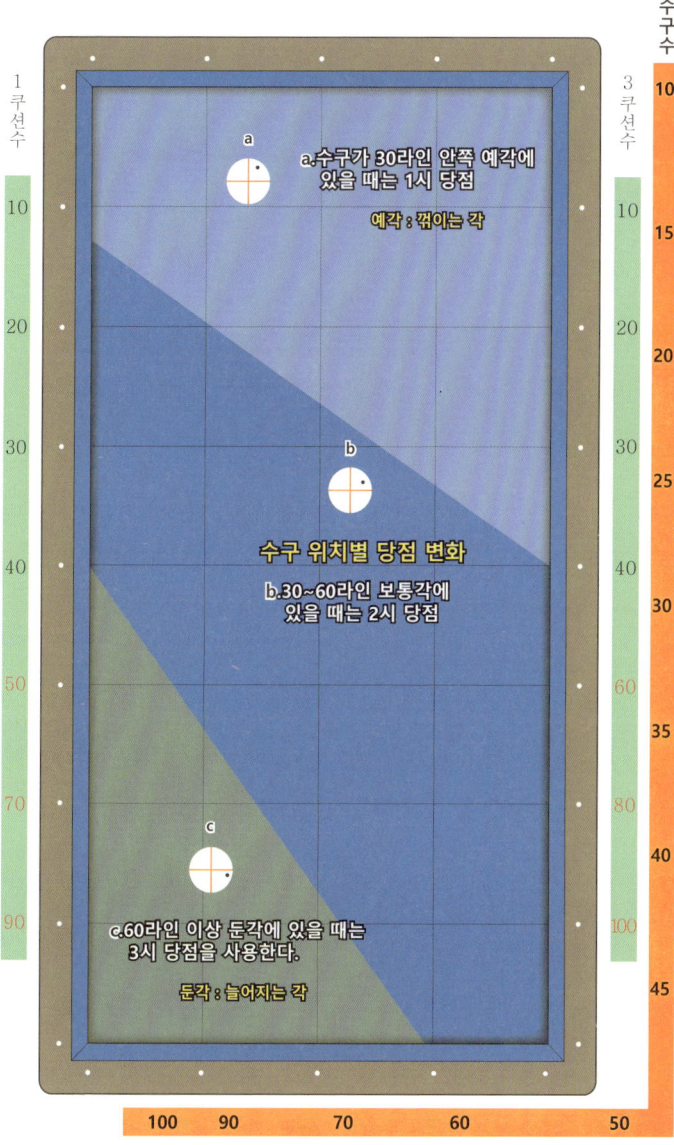

파이브앤하프시스템
수구수 기준

파이브앤하프시스템은 매우 간단한 기준을 가지고 있지만 정확히 아는 사람은 드물다.

파이브앤하프시스템의 수구값은 수구위치에서 맞은편 코너 즉 1쿠션 제로 지점을 향했을 때 도착하는 3쿠션 값을 기준으로 사용하는 방식이다.

롱쿠션 첫번째 포인트인 10의 위치에서 맞은편 롱쿠션 1포인트를 2팁으로 스트로크하면 3쿠션 10에 도착하고 수구수 30에서 맞은 편인 롱쿠션 1포인트에 스트로크하면 도착하는 3쿠션이 30이 되는 것을 기준으로 한다.

이런 내용을 이해하고 연습해보면 맥시멈 회전은 계산과 다른 결과라는 것을 알 수 있으며 빈쿠션은 2팁을, 공을 먼저 칠때는 3팁을 사용하는 이유 또한 알 수 있다.

3팁을 원활하게 구사하는 것은 생각보다 많은 경험을 필요로 하며 대부분의 입문자는 3팁을 구사하지 못하는 경우가 많다. 즉 3팁으로 여기는 회전이 2팁이고 2팁이라고 여긴 회전이 1팁반 정도이므로 부드럽고 길게 밀어주는 스트로크에 대한 꾸준한 연습이 필요하다.

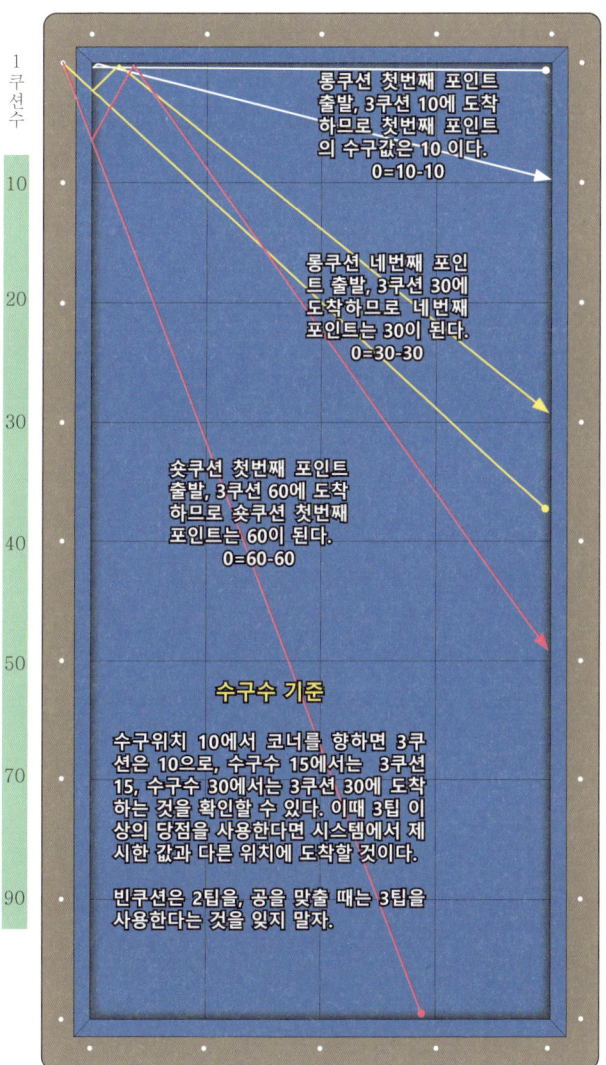

파이브앤하프시스템
수구수 활용

파이브앤하프시스템의 수구값을 어떻게 응용하는지 알아보자.

파이브앤하프시스템의 수구값을 모두 외웠다면 연습을 통해 자신의 회전량을 정확히 알아두어야 실수를 피할 수 있다. 특히 시스템 입문자라면 정확한 두께와 당점, 알맞은 힘을 구사할 수 없기 때문에 시스템을 알아도 정확도가 낮을 수 밖에 없다.

그 때문에 시스템 활용에 대해서 단순히 숫자만 외우는 것이 아닌 실전에 활용 가능하도록 구체적인 이해가 필요한데 이를테면 수구수에 해당하는 1쿠션 위치를 맥시멈 당점으로 부드럽고 간결하게 공략하면 대부분의 4쿠션은 맞은편 롱쿠션 중앙에 도착한다.

다시 1쿠션 위치를 반포인트씩 내려서 3팁으로 공략하면 4쿠션은 한포인트씩 이동하는 것을 확인할 수 있을 것이다. 정확한 도착점은 개인차가 있겠지만 크지 않으므로 꼭 연습하고 기억하여 활용하도록 하자.

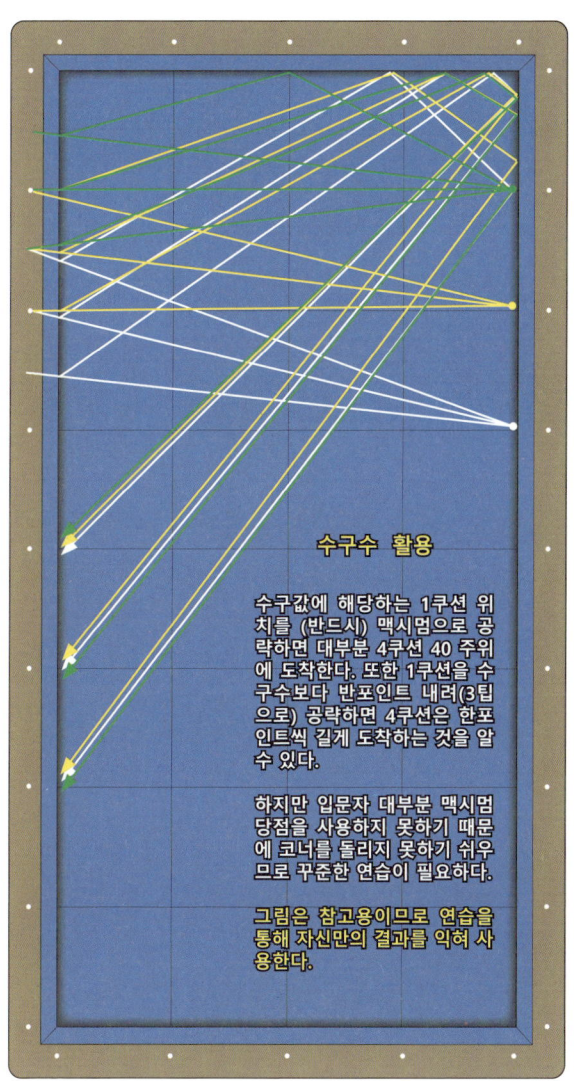

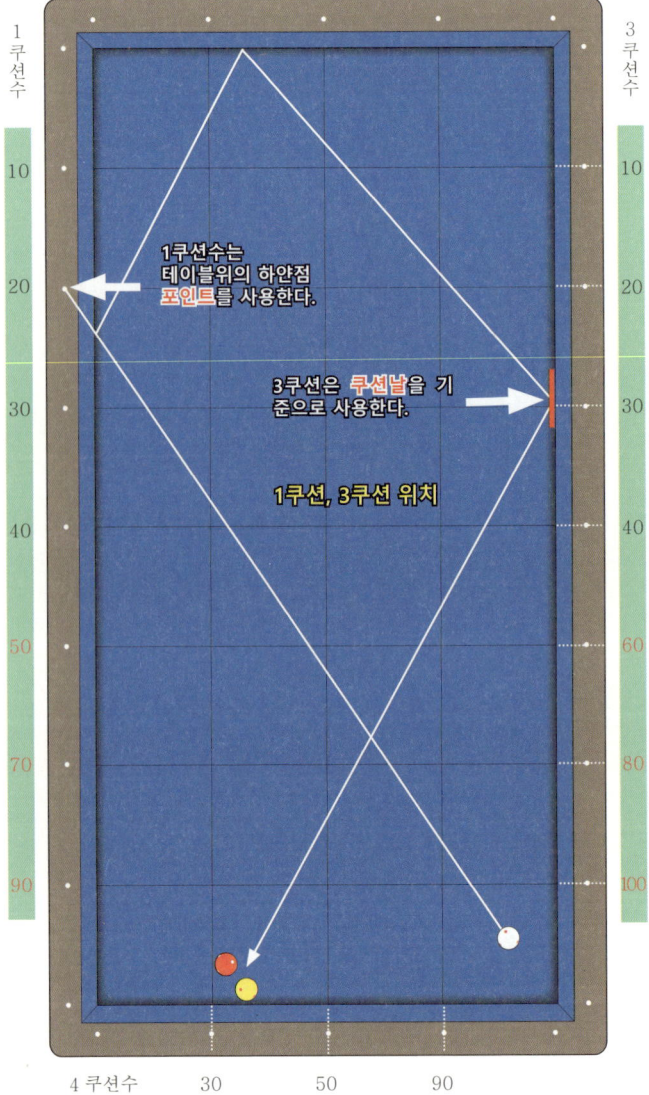

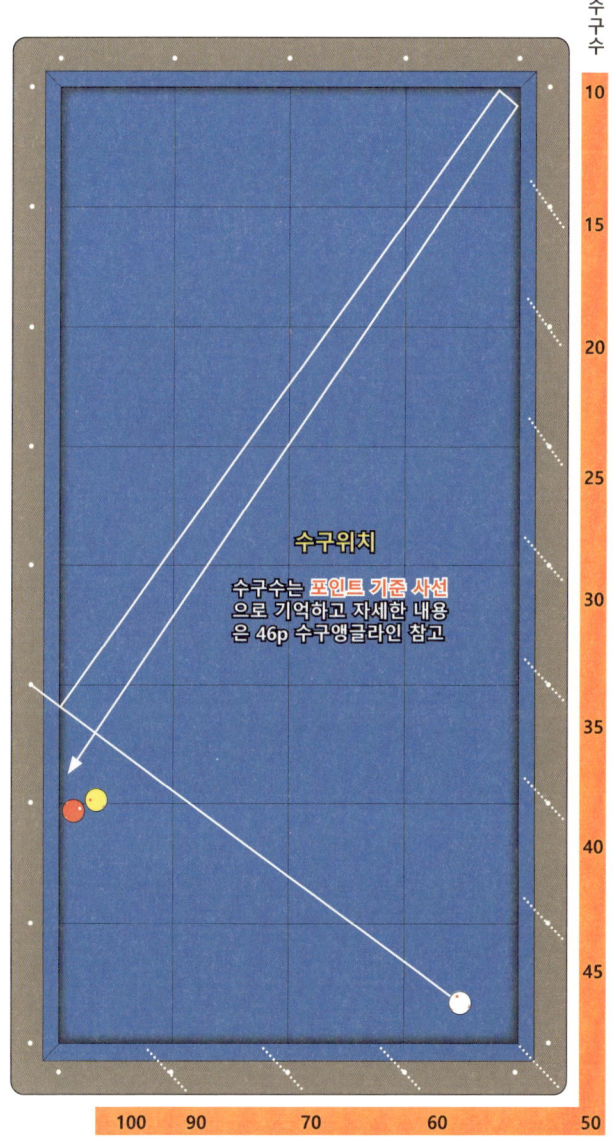

파이브앤하프시스템
빈쿠션 계산

파이브앤하프시스템은 3쿠션 위치값에서 수구값을 뺀 **첫 번째 쿠션 위치**를 찾기 위한 계산방법이다. 계산은 **1쿠션=수구수-3쿠션수**이고 파이브앤하프시스템 구사를 위한 기본 조건은 다음과 같다.

1쿠션은 테이블 포인트를 사용한다.
3쿠션은 쿠션날을 사용한다.
큐는 조금 길게 잡는다.
2적구를 맞고 2적구 근처에서 벗어나지 않을 힘을 사용한다.

빈쿠션은 2팁을 사용하고 공을 맞추고 출발할 때는 3팁을 사용한다.

한팁을 10으로 계산하고 계산에 반영한다.

꺾이는 테이블은 쿠션날을 보고, 늘어지는 테이블은 포인트를 보고 스트로크한다.

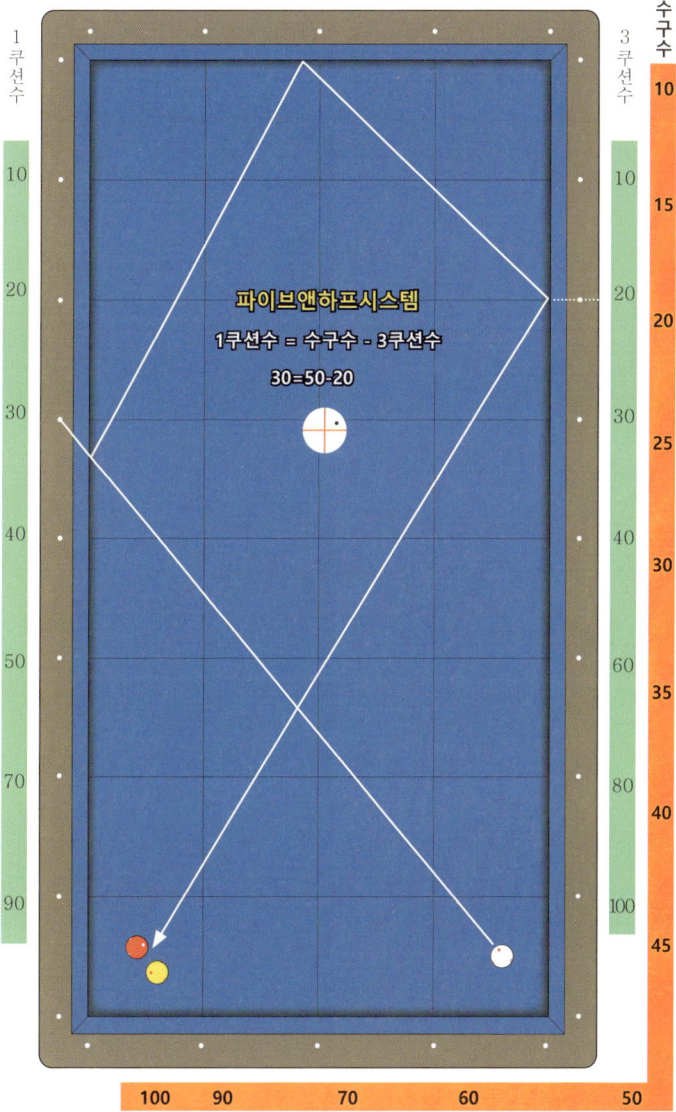

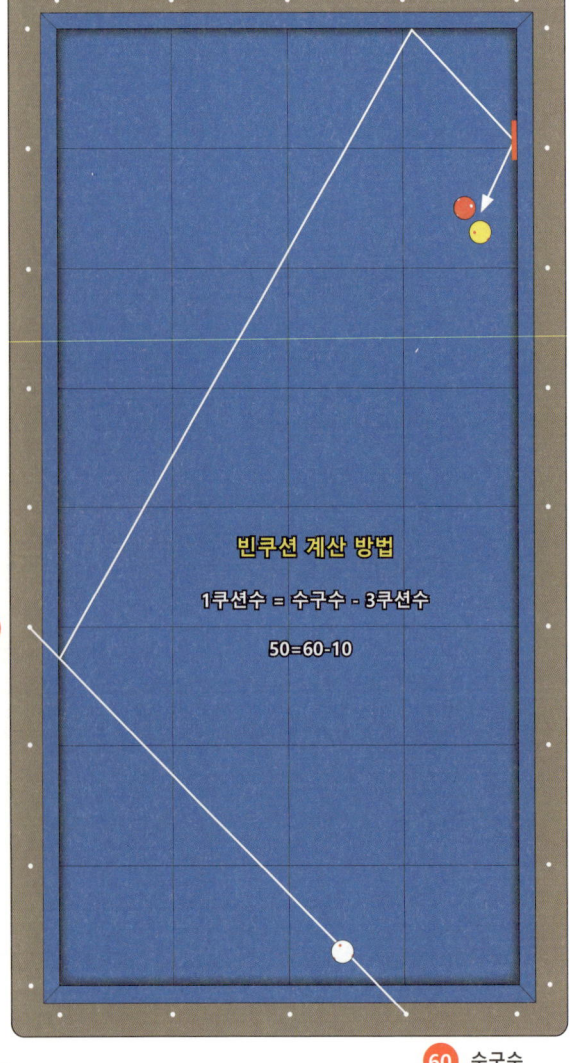

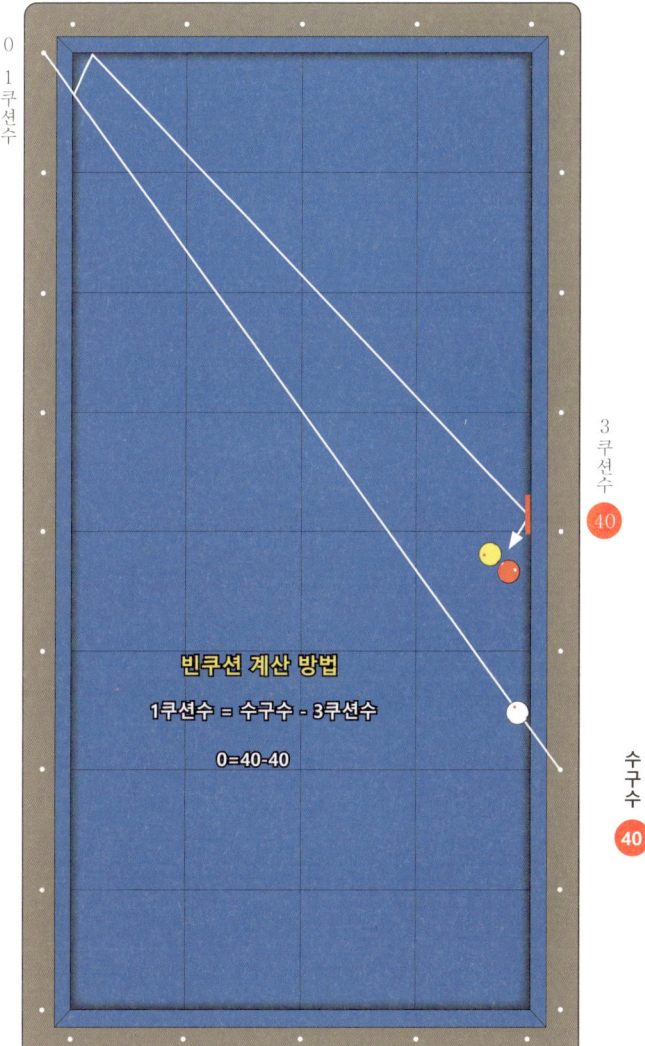

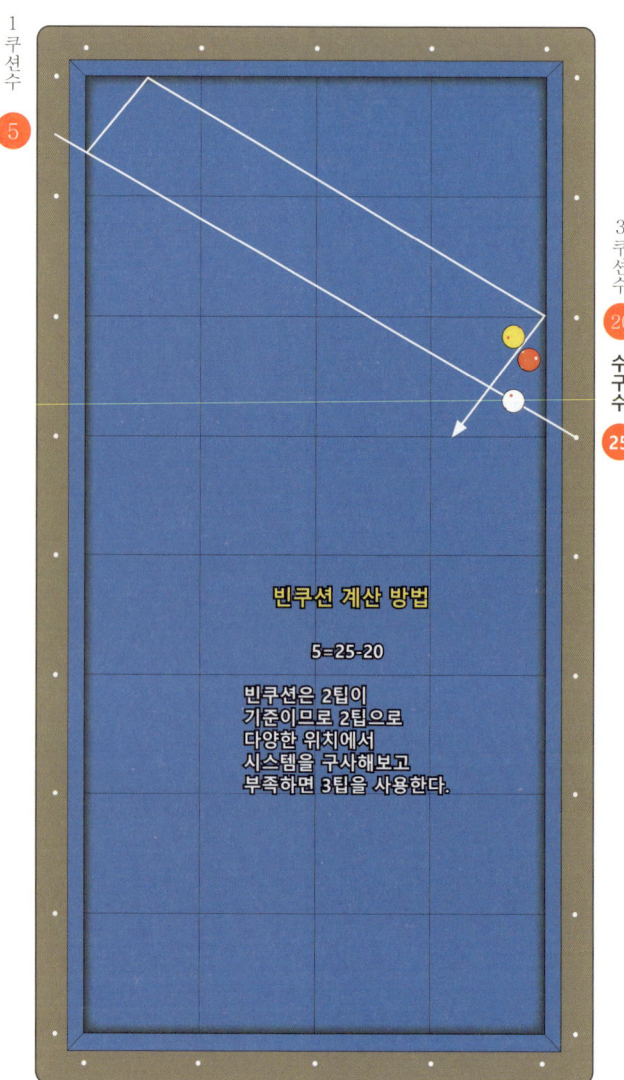

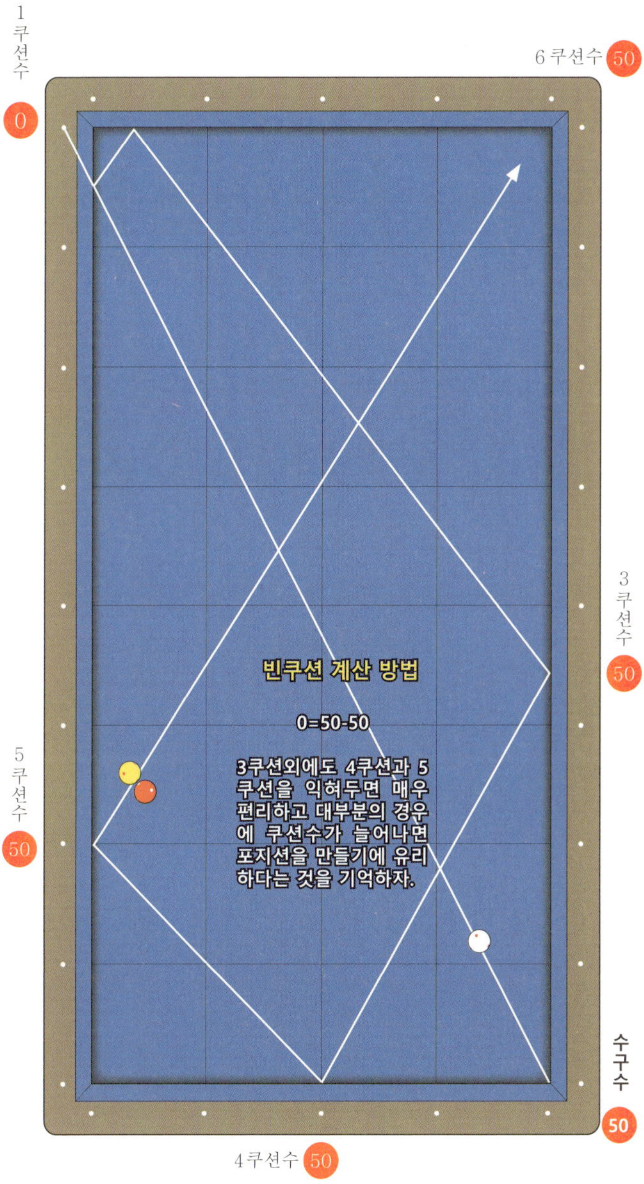

1쿠션수

6쿠션수 50

0

3쿠션수

50

빈쿠션 계산 방법

0=50-50

3쿠션외에도 4쿠션과 5쿠션을 익혀두면 매우 편리하고 대부분의 경우에 쿠션수가 늘어나면 포지션을 만들기에 유리하다는 것을 기억하자.

5쿠션수

50

수구수

50

4쿠션수 50

4쿠션
앵글라인

4쿠션앵글라인이란 3쿠션과 4쿠션을 연결하는 선을 말한다. 이 선을 알아야 목적구의 위치를 정확하게 파악할 수 있다.

3쿠션 또는 4쿠션 한 곳만 보고 샷을 구사하는 것과 3쿠션, 4쿠션을 동시에 확인하는 것은 정확도 차이가 크기 때문에 **3쿠션과 4쿠션은** 항상 **동시에 확인**해야 한다.

짧아지는 앵글라인(52p)과 구분하여 사용하면 득점 확률을 더욱 높일 수 있다.

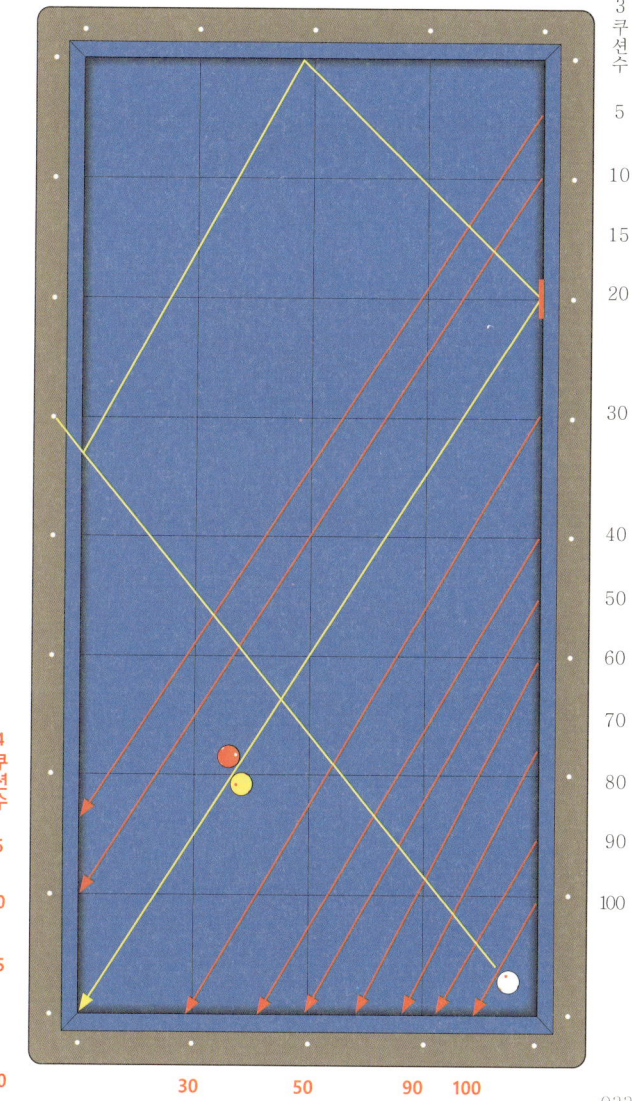

목적구앵글라인
이중확인

맥시멈 회전을 사용하면 목적했던 위치보다 +5나 +7이 추가될 수 있고 수구 자체의 변화도 발생한다. 시스템을 익힌다는 것은 알맞은 힘과 정확한 두께, 당점을 습관적으로 구사한다는 뜻이며 완벽하게 사용하려면 오랜 시간이 필요하다.

4쿠션앵글라인을 이용하여 목적구 위치를 파악했다면 득점 확률을 더욱 높이기 위해 목적구 **앵글라인을 이중으로 확인**하는 방법을 알아보자.

오른쪽 그림처럼 목적구가 15앵글라인일 때 10과 20위치를 추가로 확인한다면 목적구 위치파악으로 인한 실수는 하지 않을 것이다.

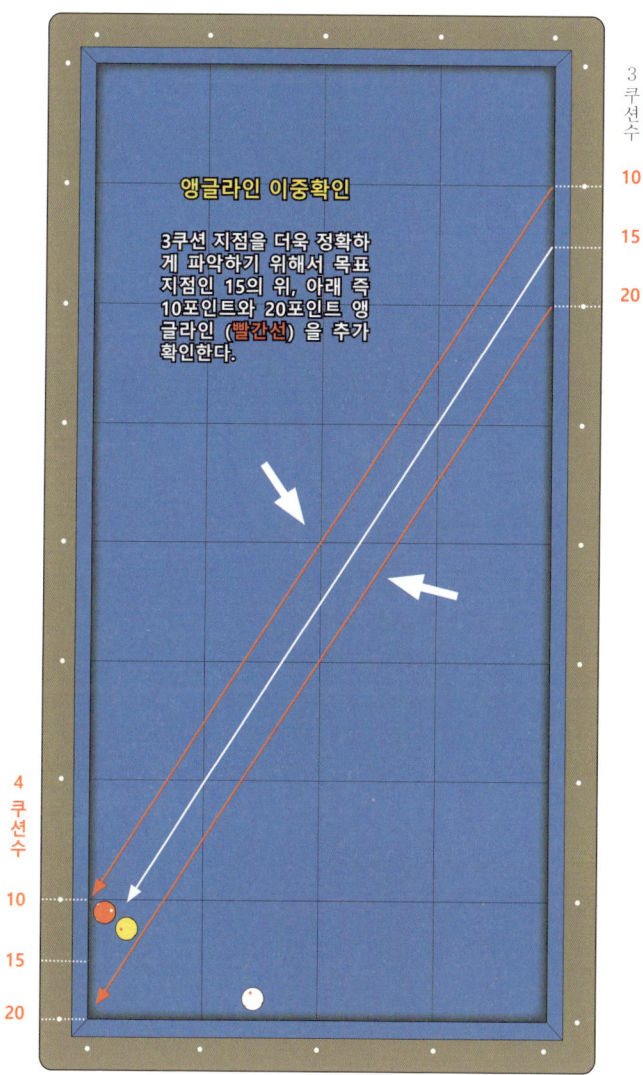

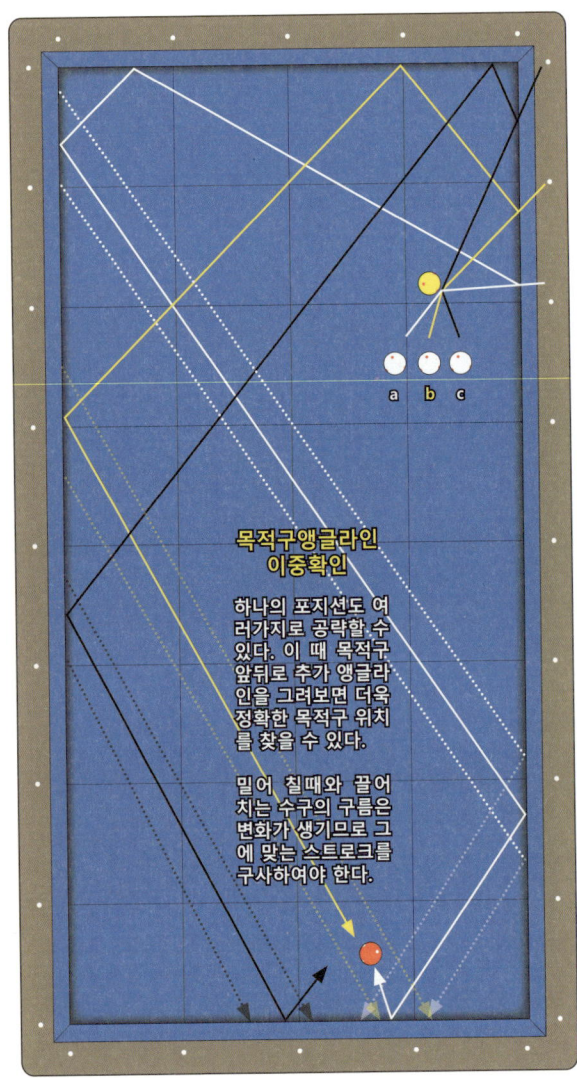

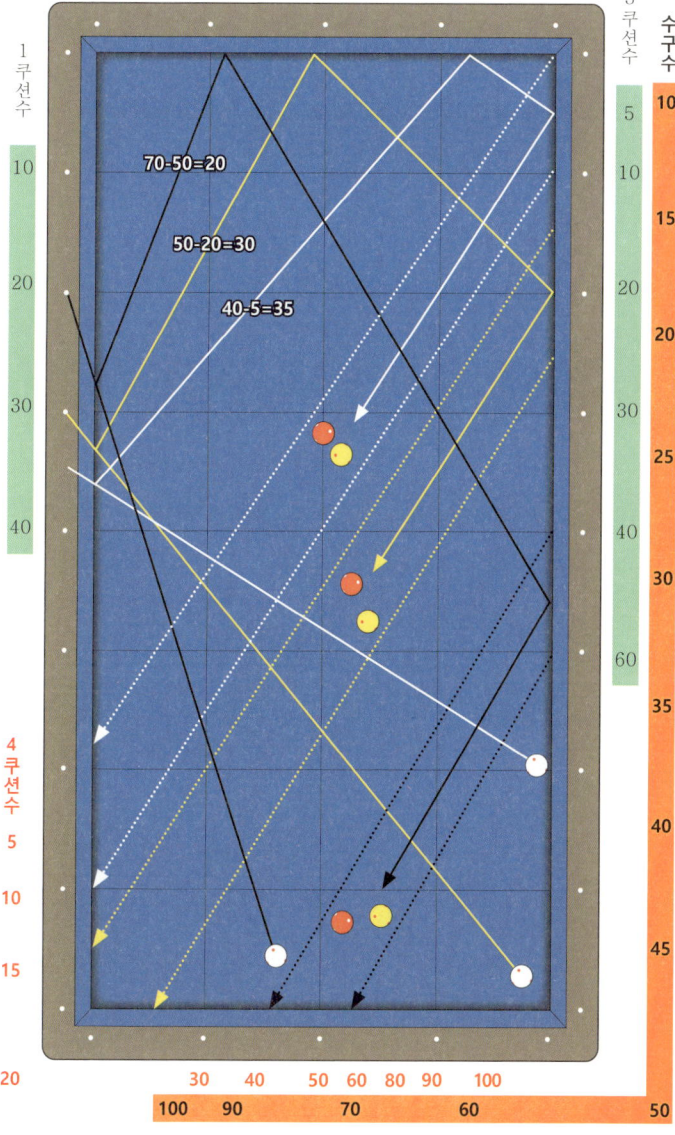

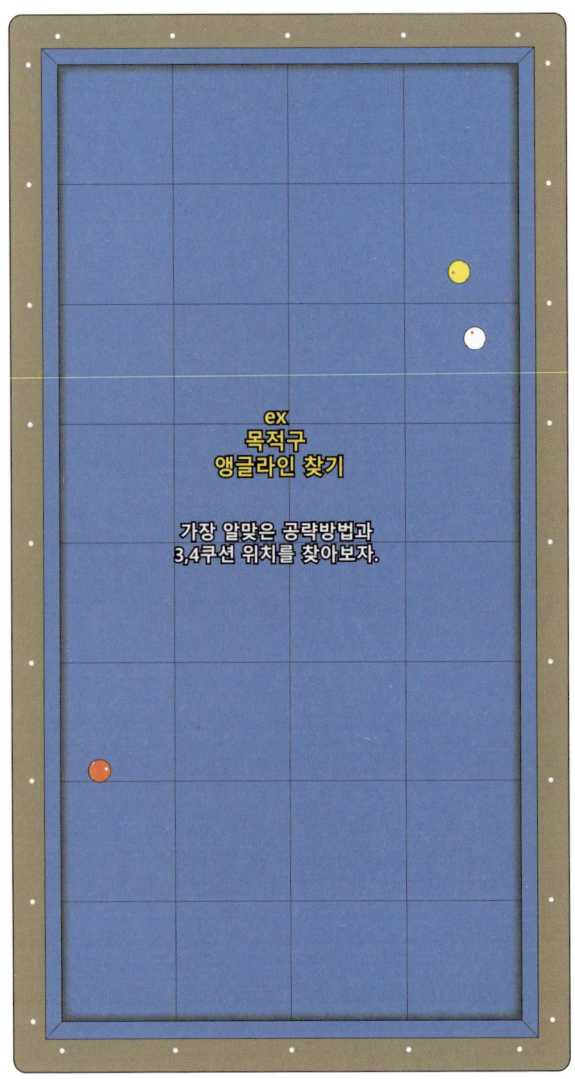

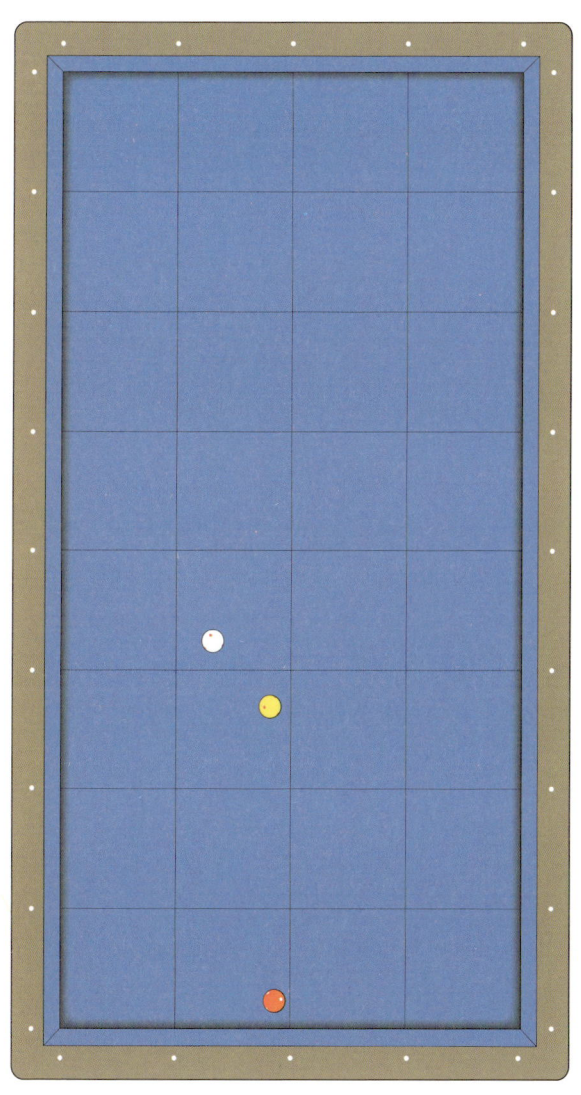

이미지볼로
수구위치 찾기

파이브앤하프시스템은 언제나 빈쿠션을 첫 번째 예로 사용한다. 쉽고 빠르게 설명할 수 있기 때문이다. 그 때문에 파이브앤하프시스템을 빈쿠션에만 사용하는 동호인도 있을 정도다.

파이브앤하프시스템은 바깥돌리기나 안돌리기등 거의 모든 포지션에 유용하지만 문제는 1적구를 먼저 칠 때 빈쿠션과 달리 **수구위치 파악이 어렵다는 것**이다.

이럴 때는 이미지볼을 사용하면 되는데 **이미지볼**이란 말 그대로 가상의 수구를 뜻하며 **수구와 1적구가 닿는 곳**을 말한다.

파이브앤하프시스템을 빈쿠션 이외의 포지션에 사용하려면 **이미지볼**의 활용을 반드시 알아야 한다. 이미지볼의 사용법을 모른다면 시스템을 빈쿠션에만 사용하게 되는 것이다.

이미지볼은 수구위치를 찾는 용도와 함께 수구의 두께를 결정할때도 사용한다.

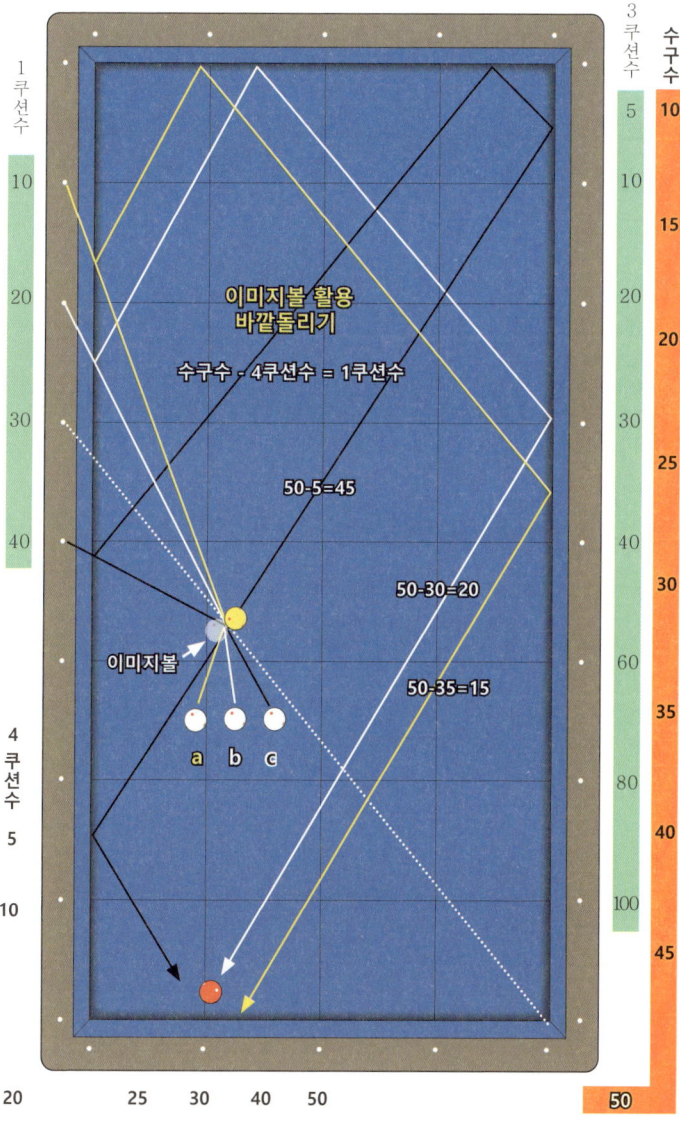

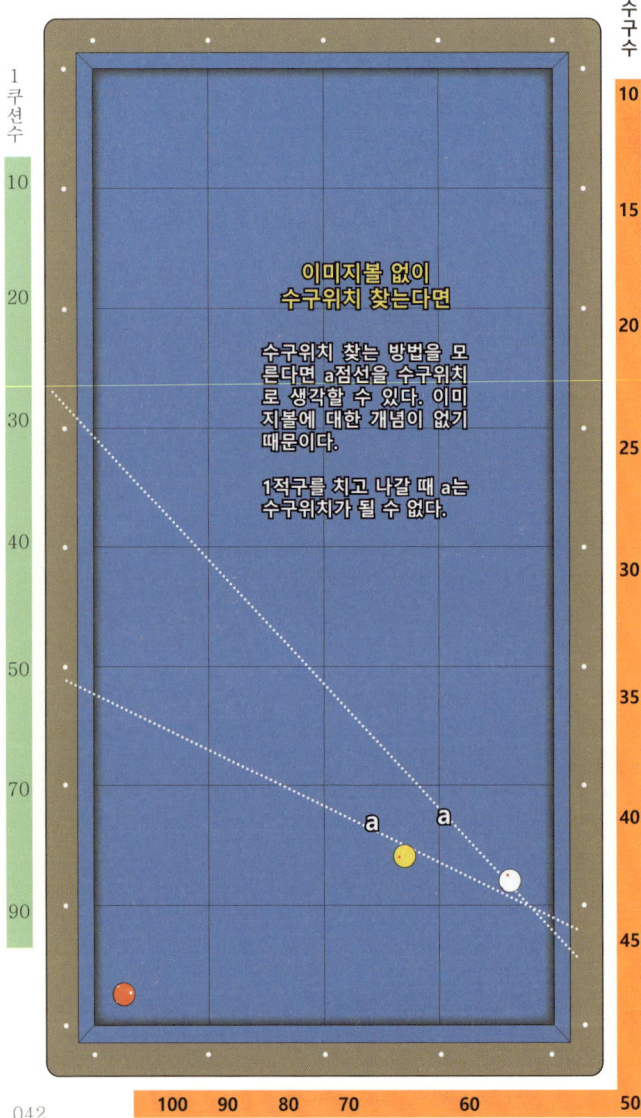

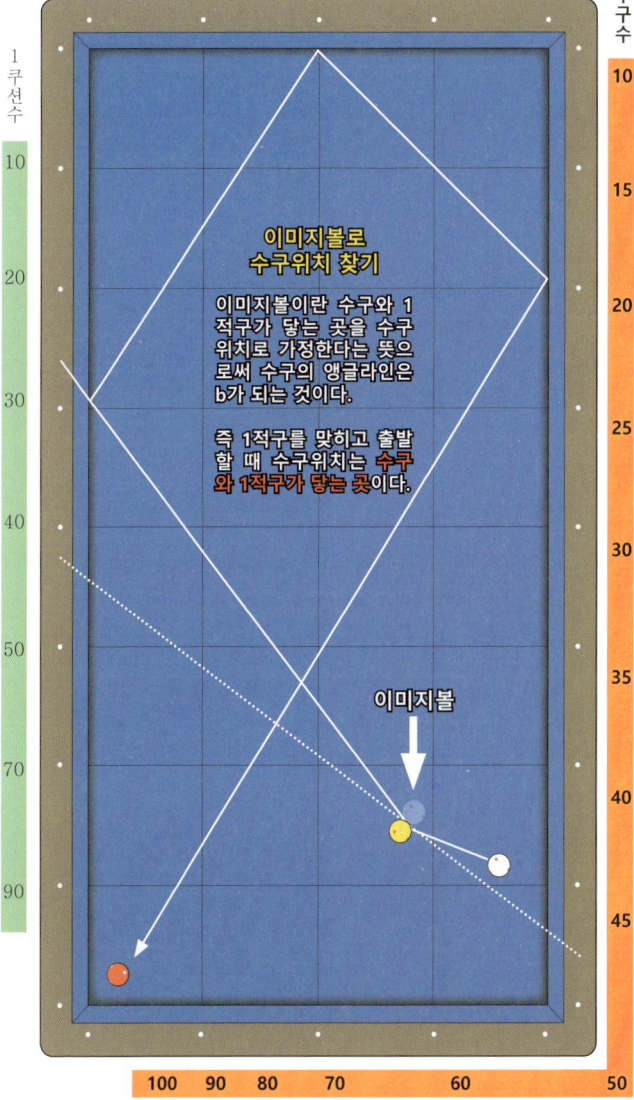

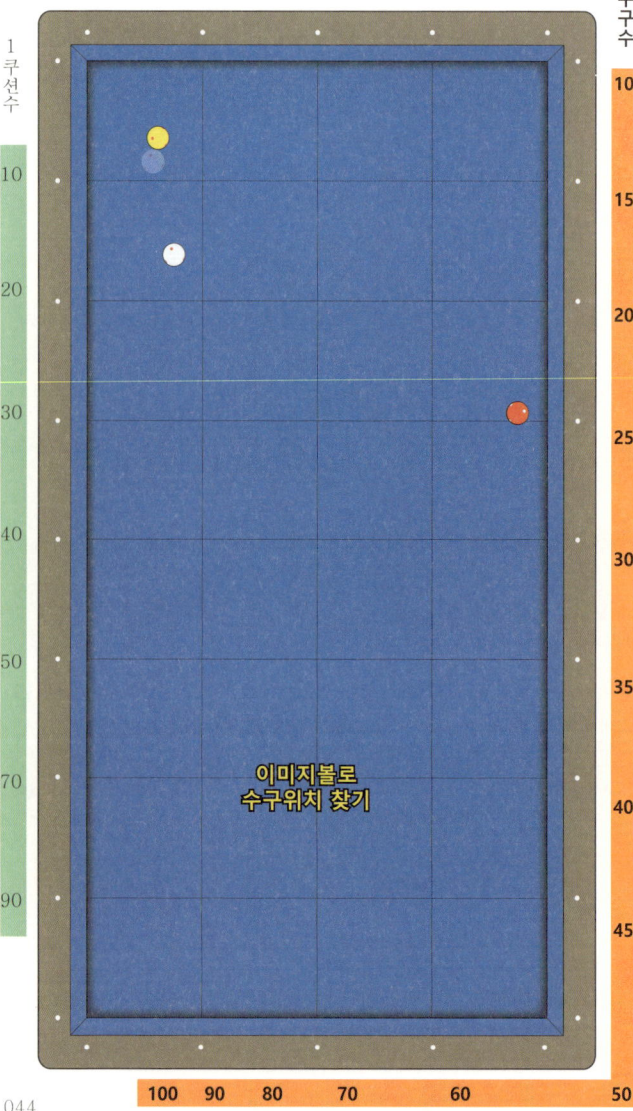

이미지볼로 수구위치 찾기

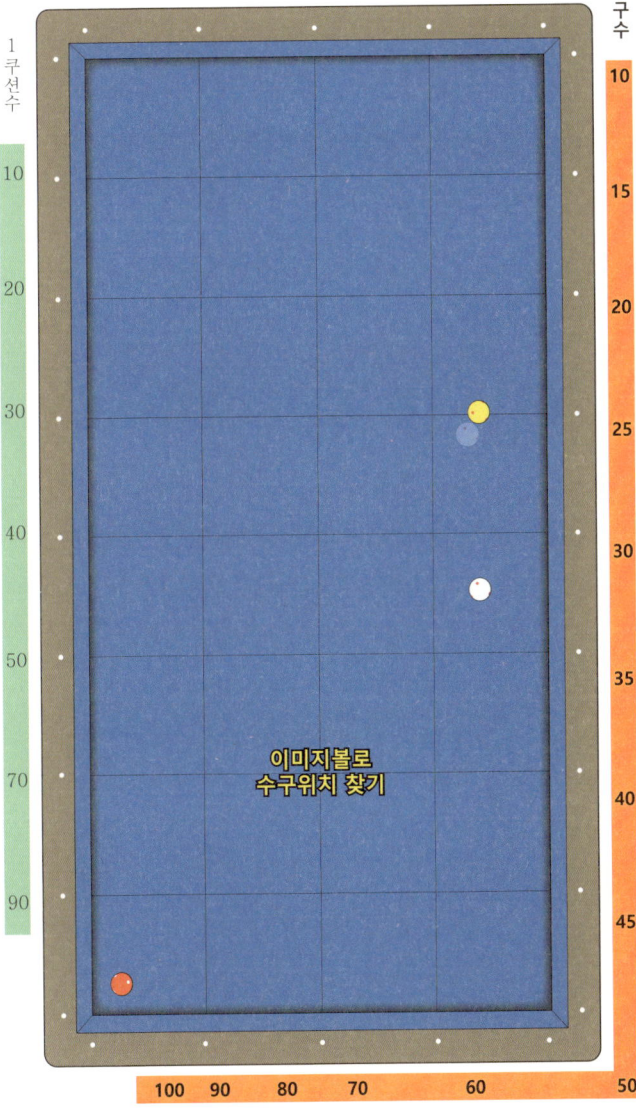

수구앵글라인

시스템을 활용하려면 정확한 사용법을 알아야 한다. 그 중에서 파이브앤하프는 많은 시스템의 기초가 되기 때문에 이 시스템을 잘못 알고 있으면 향후 시스템에 대한 불신과 편견만 더하게 된다.

파이브앤하프시스템을 공부해도 수구앵글라인을 알고 있지 못하면 수구 위치를 찾기 힘들다.

수구가 노란색 박스 주변에 있다면 수구앵글라인을 사용하여 빠르게 계산할 수 있다.

하지만 수구가 노란색 박스에서 멀어지면 다음 페이지의 '수구앵글라인 보정'을 참고하여 정확한 수구 위치를 찾는다.

35,50,70선을 기준으로 사용하면 편리하다.

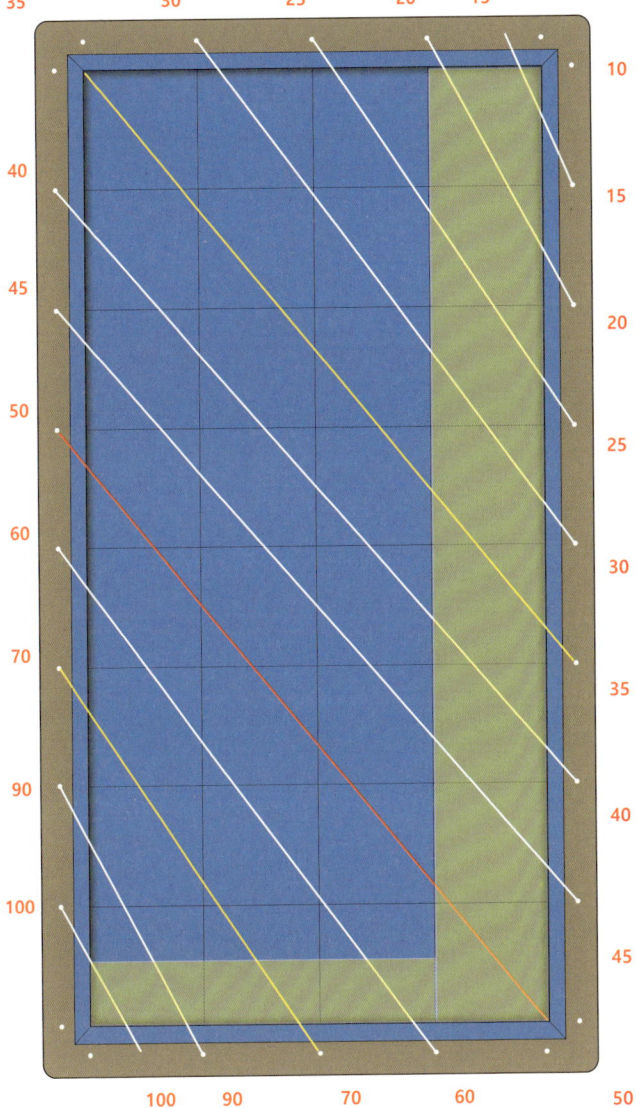

수구앵글라인 보정

수구앵글라인만으로 수구위치를 찾을 수 없을 때는 오른쪽 그림처럼 수구(또는 이미지볼)를 이동하여 수구위치를 찾는다.

수구앵글라인을 보정하면 수구 활용 범위가 더욱 넓어지고 정확한 수구 위치를 찾을 수 있지만 빠르고 정확하게 찾을 수 있을만큼 익숙해지는데 많은 시간이 필요하다.

수구앵글라인을 숙지한 후에는 플레이어에게 편리한 대로 변형하여 사용하는 것도 시스템 활용방법이다. 다만 익숙해지기 전에 변형을 해서는 안된다. 그럴 경우에는 오히려 정확도가 떨어지는 결과를 초래할 수 있기 때문이다.

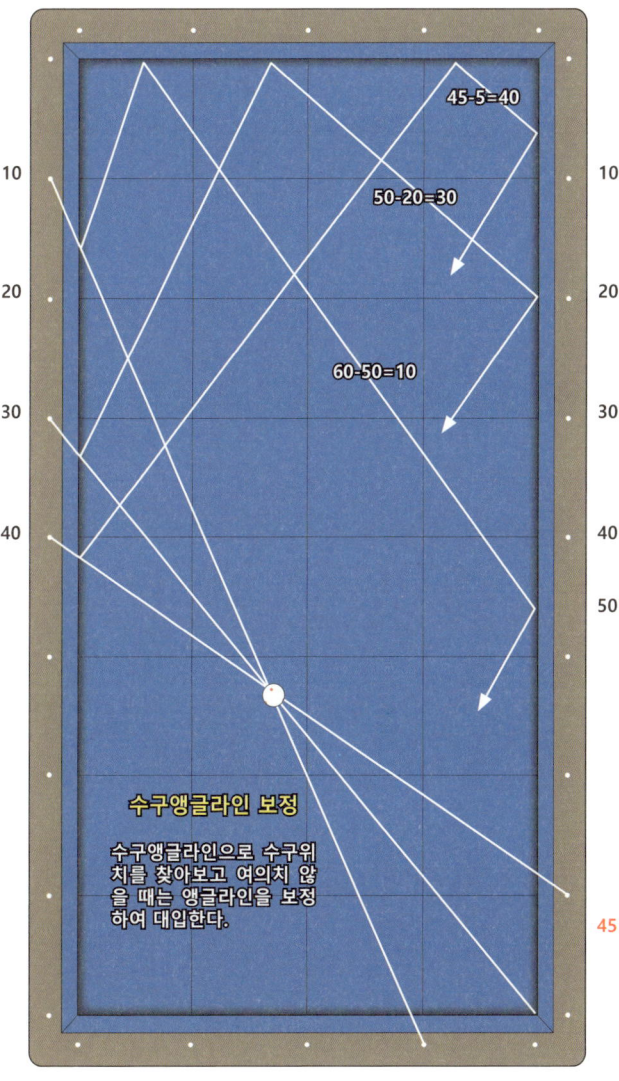

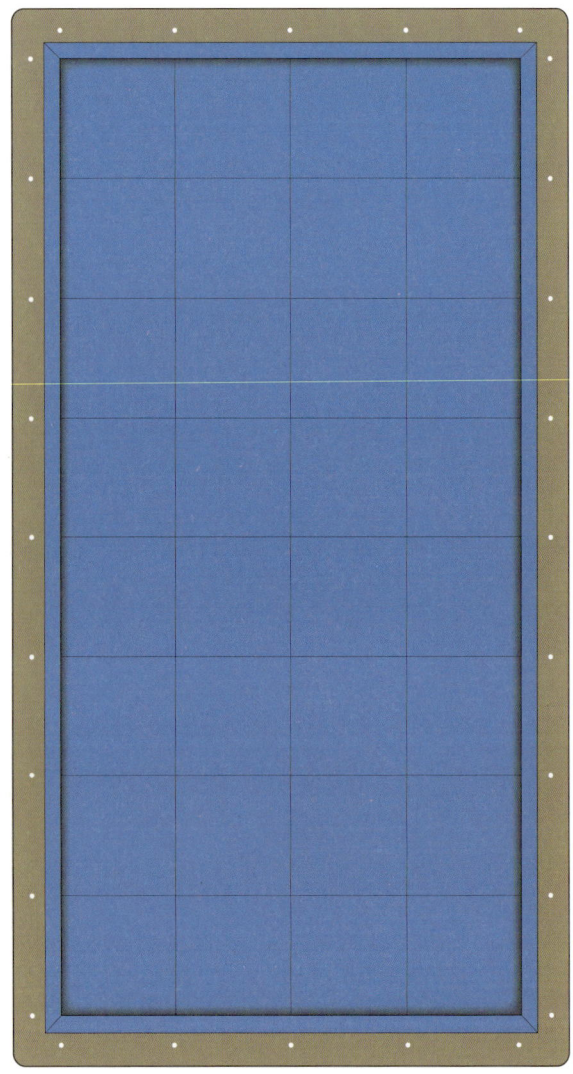

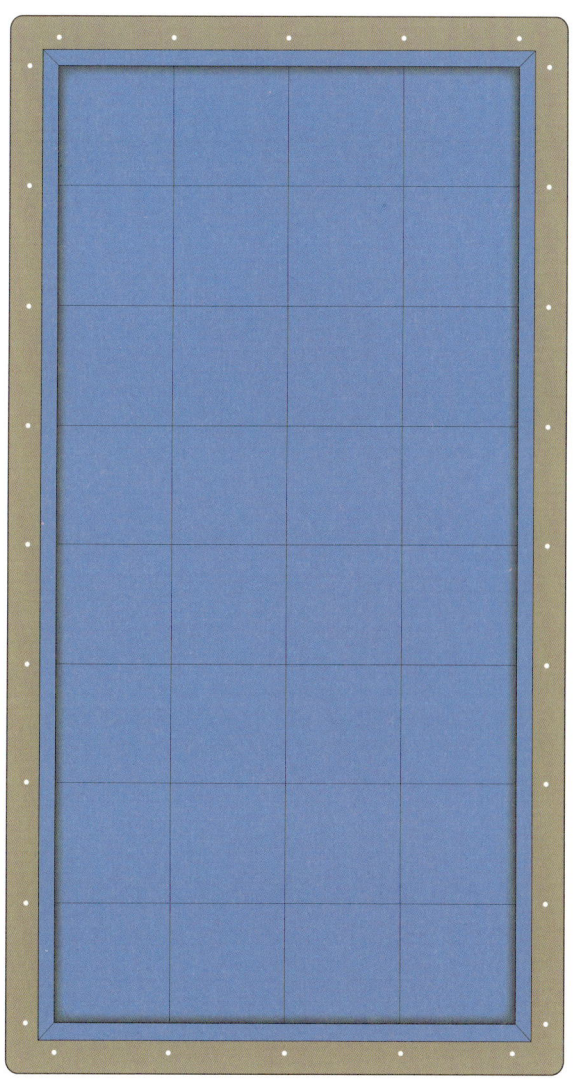

짧아지는
앵글라인

뒤돌리기, 옆돌리기 모두 롱쿠션 2포인트 이내에서는 변화가 심하다. 코너에 꽂혀서 길어지지 않는 한 대부분은 짧아지는데 수구가 코너를 빠르게 돌기 때문이고 스트로크 속도에도 민감하게 반응한다.

조이의 짧은각 시스템도 있지만 수구와 1쿠션, 4쿠션을 별도로 외워야 하는 불편함이 있으므로 파이브앤하프 시스템을 사용하되 4쿠션이 한포인트씩 짧아지는 것만 기억하고 사용하자.

계산은 **1쿠션=수구수-4쿠션** 이고 옆돌리기는 물론 뒤돌리기 역시 출발이 숏쿠션 가까이라면 짧아지기 쉬우므로 꼭 알고 있어야 할 정보인 셈이다.

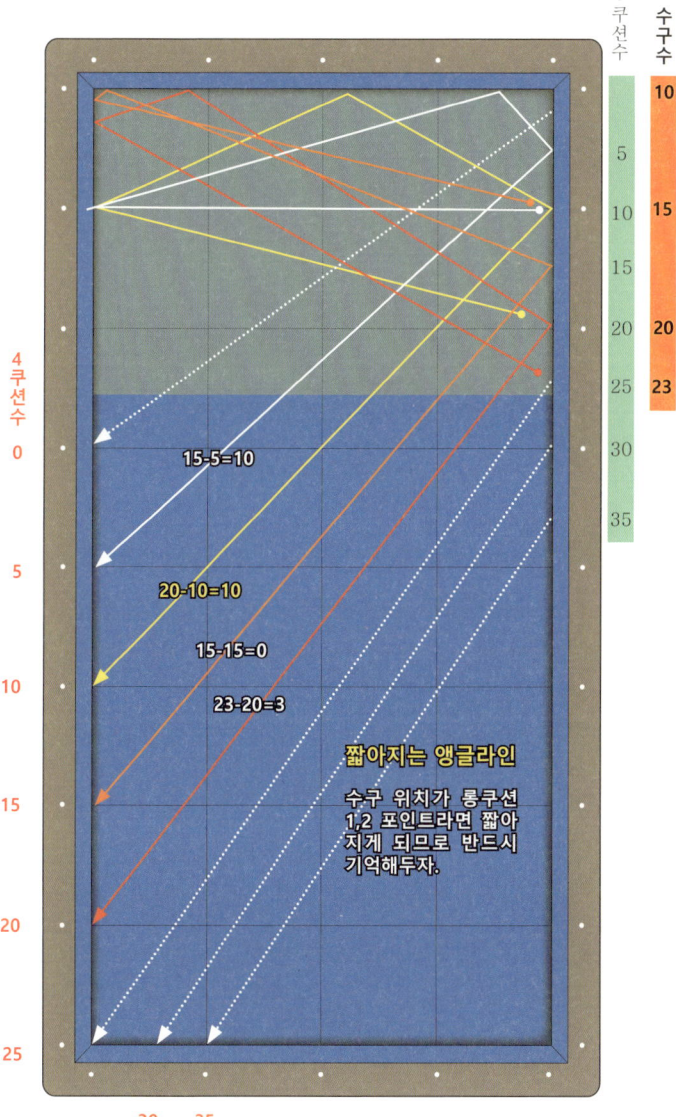

편리한
5쿠션 사용

목적구가 b형태라면 하얀 실선보다는 점선대로
4쿠션이상을 시도하는 것이 득점 확률이 높다.

3쿠션보다는 4쿠션이 정확하고 4쿠션
보다는 5쿠션, 6쿠션이 더욱 정확하다.
쿠션이 늘어날수록 수구의 변화가 적
어지기 때문이다.

목적구가 a위치라면 하얀색 실선처럼
5쿠션으로 구사하는 것이 득점확률도
높고 좋은 포지션이 만들어질 것이고 b
위치라면 검은색 점선대로 3쿠션으로
짧게 구사한다.

그림상의 수구 위치에서는 50-50=0
이 되지만 계산대로 스트로크하게되면
수구가 길어질 가능성이 많기 때문이
다. 그럼에도 공략을 한다면 중하단 5
시 당점을 사용한다.

계산은 **1쿠션=수구수-5쿠션수**로 한다.

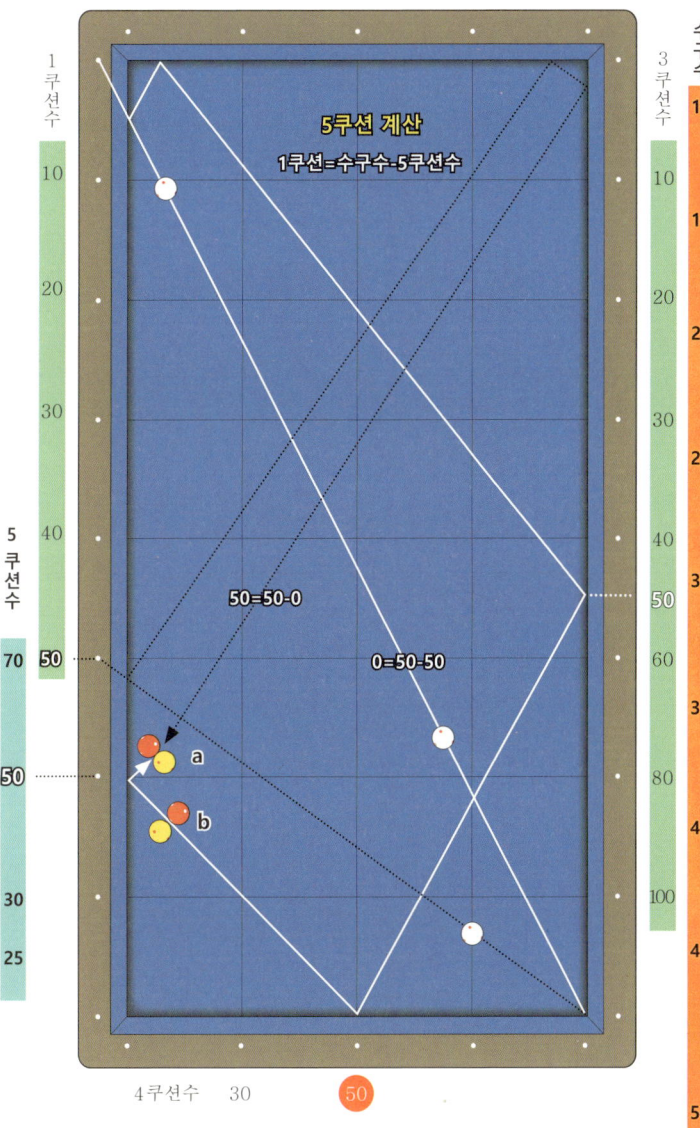

파이브앤하프시스템
떠 있는 볼 위치찾기

안돌리기 형태로 1적구가 테이블 중앙이나 쿠션 가까이 있을 때는 파이브앤하프시스템 사용이 어렵다고 생각할 수 있지만 첫 번째 쿠션 위치만 제대로 찾으면 수월하게 해결가능하다. 수구위치를 25로 착각하면 안된다.

계산에 맞추어 첫 번째 포인트를 맞추려 하지 말고 플레이어가 편하게 생각하는 두께로 1적구를 쳤을 때 맞는 테이블 위치를 출발점으로 가정하여 계산한다.

이미지에서는 60,65,70 수구 선택이 가능하지만 2적구의 위치(3쿠션 5)를 감안하면 가장 편한 구름을 보이는 지점은 1쿠션 65가 될 것이다. 계산은 **65-5=60** 이므로 1쿠션 60을 맞출 수 있는 두께를 집중하여 스트로크한다. 물론 이 앵글은 늘어지는 각을 형성하고 있으므로 조금 짧은 65에 맞아도 득점 가능하다.

검은 실선은 목적구가 4쿠션 35에 위치할 때 수구 수 60을 공략하는 대회전 앵글라인을 보여준다.

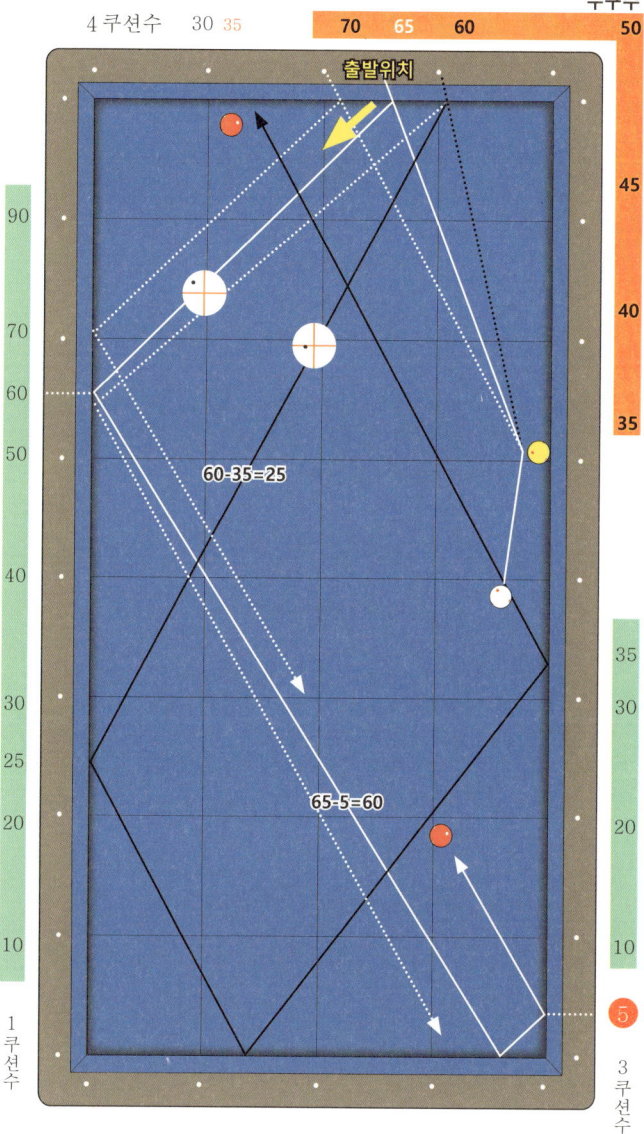

파이브앤하프
앞돌리기

파이브앤하프시스템을 이용해 앞돌리기를 할 때는 두번째 쿠션 (이 경우에는 1쿠션)에 정확히 도착하도록 집중한다면 대부분의 앞돌리기를 해결 할 수 있을 것이다.

파이브앤하프시스템만으로도 앞돌리기를 할 수 있다는 것은 시스템을 정확히 알고 응용하는 수준의 플레이어라면 인지하고 있는 내용이다.

1적구를 맞은 뒤 첫번째 숏쿠션이 수구 위치가 되기 때문에 끌거나 미는 위치보다는 자연스럽게 도착하는 위치를 수구위치로 삼는 것이 중요하다.

첫번째 쿠션인 수구위치와 두번째 쿠션인 1쿠션만 정확하게 구사한다면 이후 수구변화가 없기 때문에 수월한 득점이 가능하다.

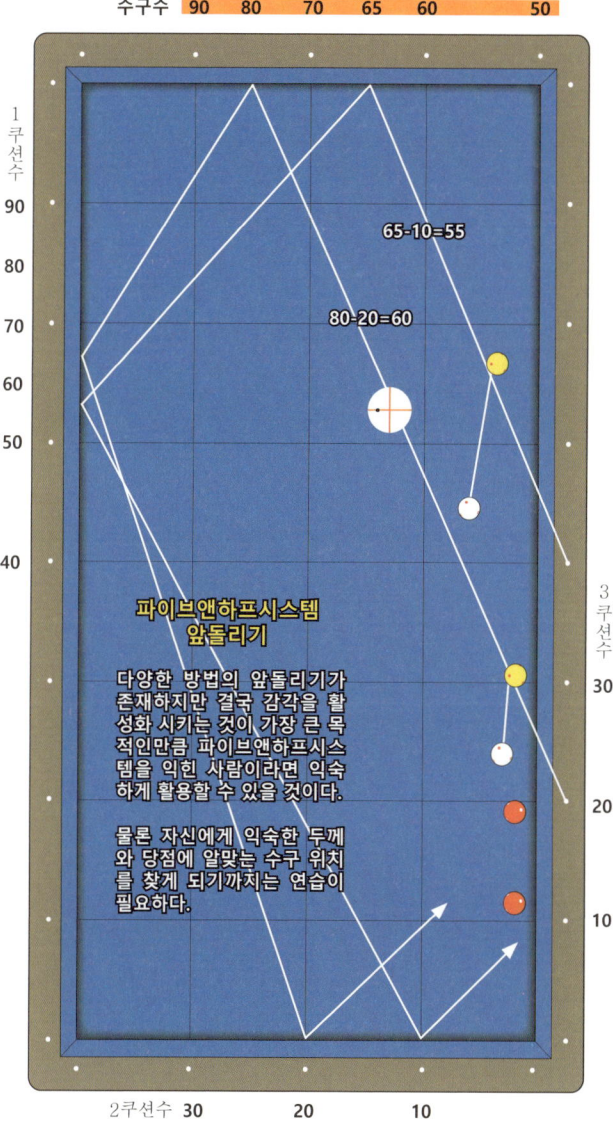

파이브앤하프
옆돌리기와 보정

2쿠션 위치 사용과 보정

옆돌리기는 수구의 위치를 찾는 연습이 되어 있고 당점을 실수하지 않는다면 쉽게 득점이 가능하다. 파이브앤하프시스템을 익힌 시스템 입문자라면 2쿠션과 3쿠션 위치를 정확히 결정하고 플레이하는 연습을 꾸분히 한다.

문제는 롱쿠션 양쪽 코너부근에 1목적구가 위치할때인데 오른쪽 그림처럼 수구가 길어지는 구간과 짧아지는 구간이 존재하므로 그것을 감안한 플레이가 요구된다.

1적구가 테이블 가까이 있을때 1,2쿠션을 돌아오는 수구의 속도가 수구의 길이를 좌우하게 됨으로 알맞은 힘조절이 필요한 유형이다

오른쪽 그림의 보정처럼 길어지고 짧아지는 경험이 있을 것이다. 그 부분을 인식하고 플레이하다보면 관련된 실수를 줄일 수 있게 된다.

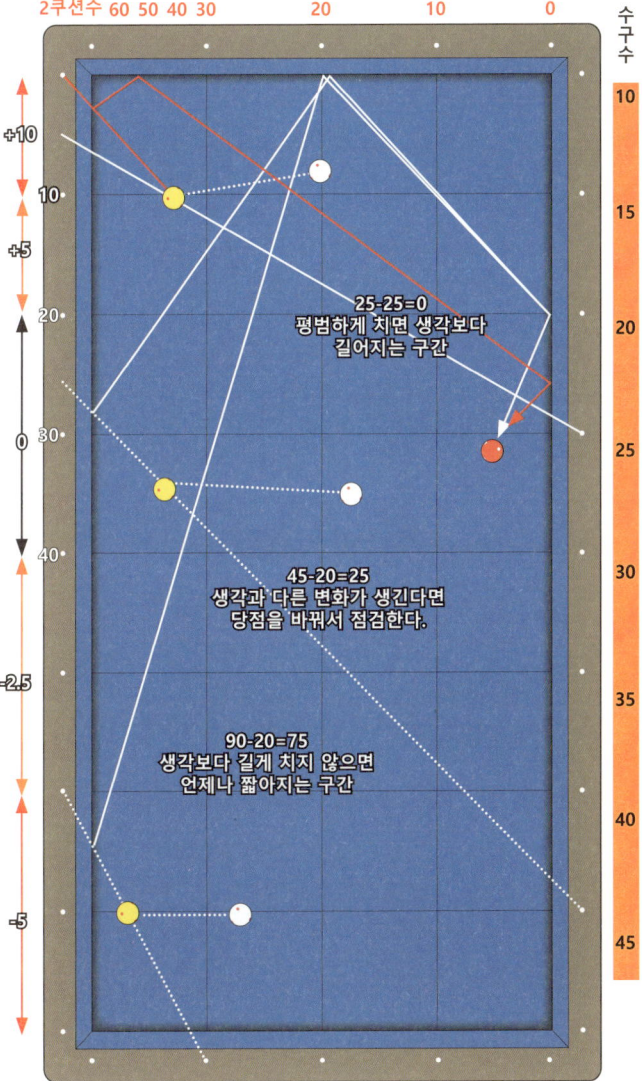

파이브앤하프시스템
대회전

6쿠션수를 알고 있다면 간단하고 정확하게 대회전을 시도할 수 있다. 5쿠션과 마찬가지로 변화가 적기 때문이다.

다만, 6쿠션 20은 3쿠션 20과 위치가 같기 때문에 수구가 걸리지 않도록 조심해야 한다.

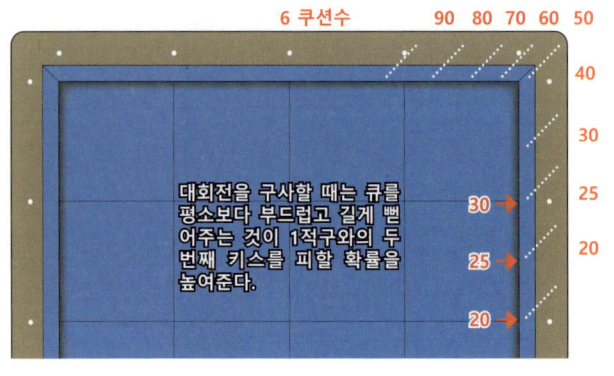

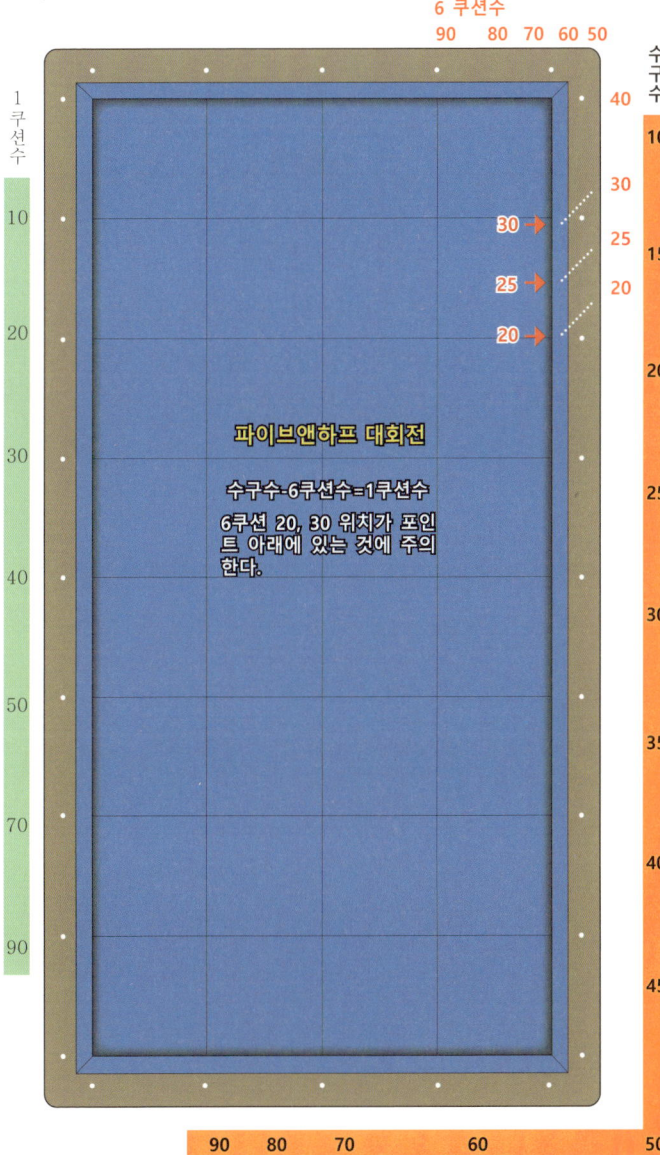

파이브앤하프
비껴치기 대회전

파이브앤하프시스템의 응용을 보여주는 사례로써 응용 범위는 무수히 많다.

수구가 이미지볼 위치에서 출발한다고 가정하고 **장.단.장**시스템으로 계산한다.

파이브앤하프시스템 응용이 가능해지면 구사할 수 있는 공이 획기적으로 늘어난다. 응용가능한 포지션이 워낙 많기 때문이다.

이때 중요한 것은 목적구 위치를 정확히 파악하는 것인데 비껴치기의 특성상 3쿠션뿐만 아니라 4쿠션이나 5쿠션 또는 6쿠션 위치를 인지하고 있어야 정확하고 빠른 계산이 가능하다.

대회전은 보정이 필요 없으며 부드럽고 간결한 스트로크가 필요하고 1적구가 테이블에 붙어 있을 때는 하단 당점을 사용하고 큐의 무게로 친다.

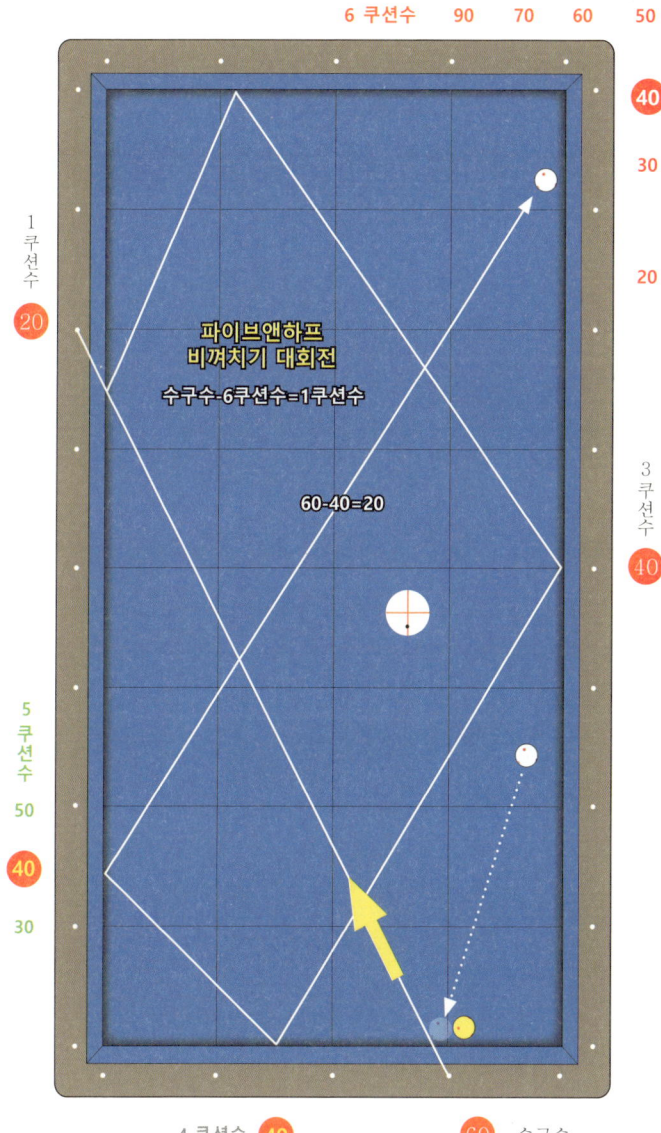

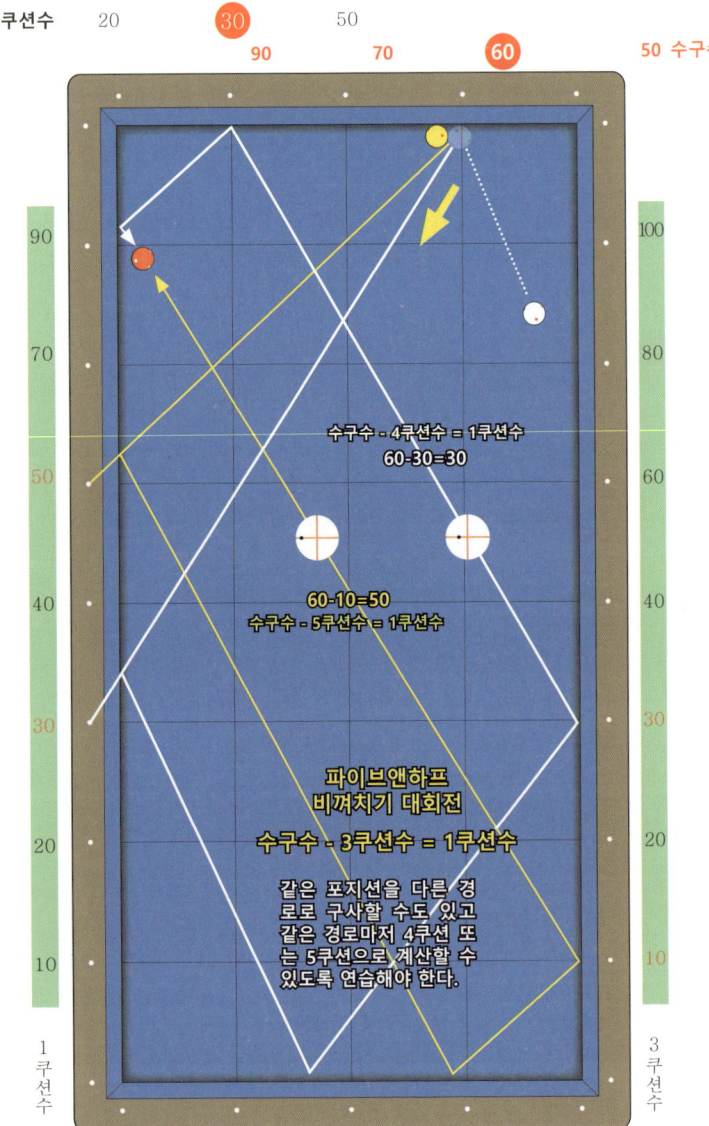

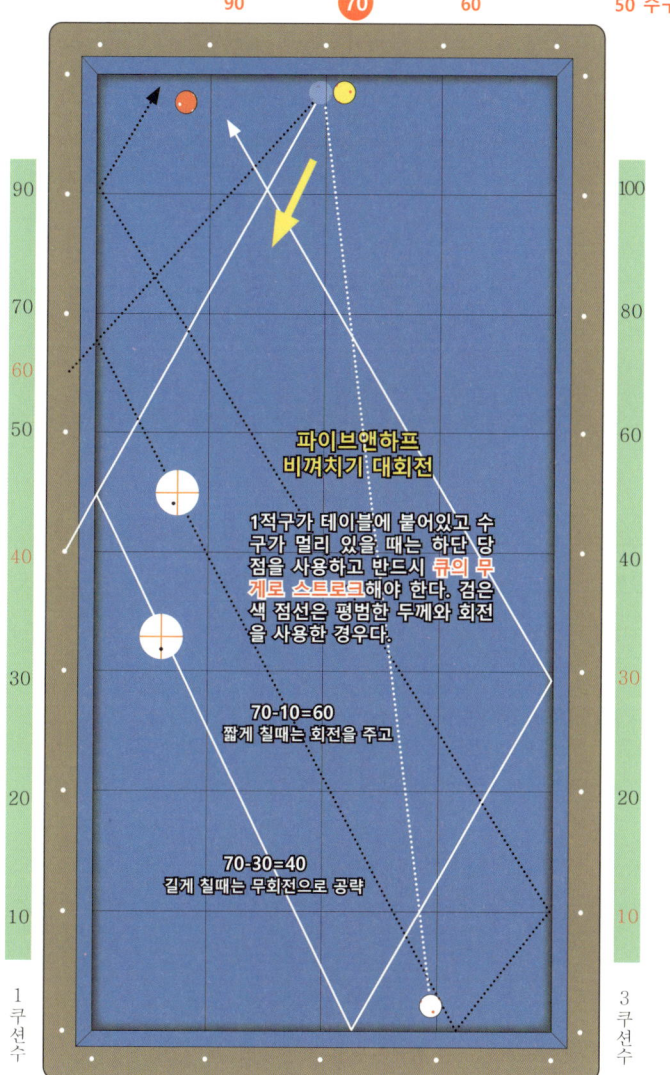

파이브앤하프
2쿠션 사용

수구수와 1쿠션 모두 파이브앤하프시스템 그대로 사용해서 편리하지만 입사, 반사각이 크고 꺾이기 쉽기 때문에 개인마다 포인트 차이가 발생한다. 연습을 통하여 자신에게 맞는 값을 확인하고 숏쿠션 세 번째 포인트가 8과 9 사이라는 것 또한 유의해야 한다.

파이브앤하프시스템의 2쿠션 위치는 연습을 통해 플레이어의 회전량에 맞는 위치를 알고 있어야 한다. 왜냐하면 플레이어가 입문자 수준일 때와 적당한 경험을 쌓은 뒤의 스트로크와 회전량이 다르기 때문에 변화를 체감할 수밖에 없기 때문이다.

계산은 **1쿠션수=수구수×2쿠션수** 이고 그림에서처럼 넣어치기와 걸어치기, 엄브렐러샷에 사용가능하다. 반사각 두께에 민감한 포지션이므로 많은 연습이 필요하다.

수구수는 포인트가 아닌 쿠션 날을 사용한다.

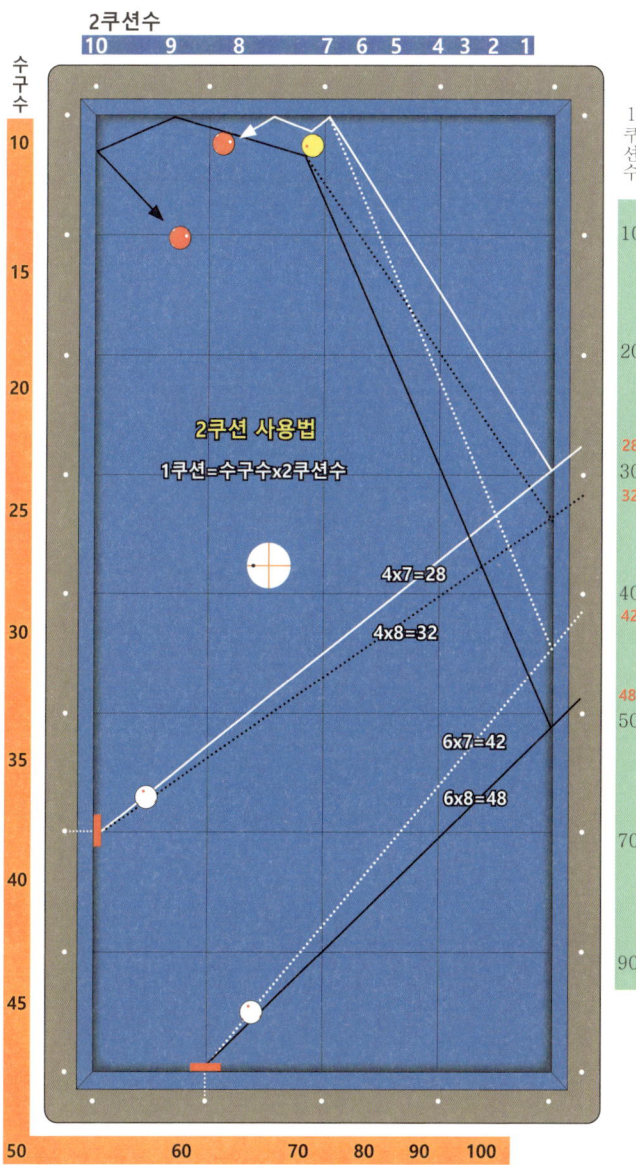

파이브앤하프
엄브렐러시스템

인사이드 엄브렐러샷은 2쿠션x수구수로 계산해도 되지만 기본앵글라인값을 사용하여 계산하는 것이 편리하다. 다만 입사각이 커서 수구가 늘어질 수 있으니 스트로크를 조심해야 한다.

인사이드 **엄브렐러샷은 1적구가 40선 안에 있을 때만 구사**하고 1적구 위치는 반드시 이미지볼로 찾아야 한다.

계산은 파이브앤하프시스템의 기본공식인 **1쿠션=수구-3쿠션**이다.

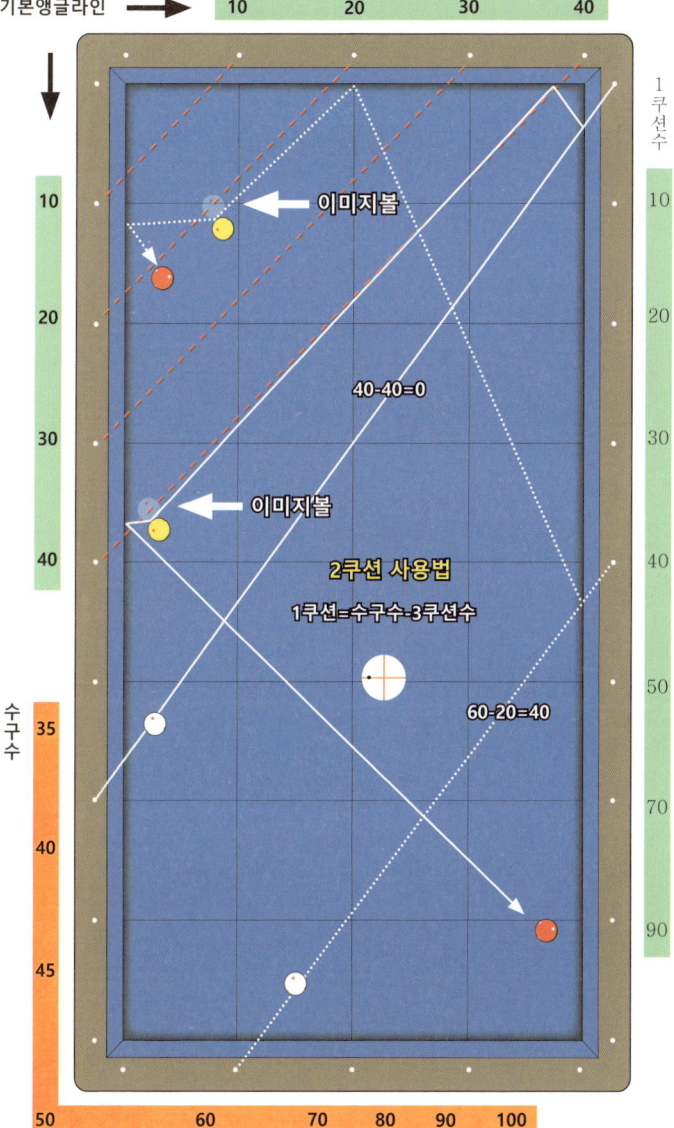

파이브앤하프
덧셈시스템

파이브앤하프 덧셈시스템은 비껴치기는 물론 뒤돌리기 짧게 칠때도 사용하는데 정확하게 이해한다면 다양한 활용이 가능하다.

파이브앤하프 덧셈시스템은 **수구수 +2쿠션수=1쿠션수**로 계산하는 만큼 2쿠션 위치를 정확히 파악하는 것이 중요하다. 정회전을 사용하지만 a위치에서는 회전량이 늘어나는 앵글이므로 2팁을 사용하고 b위치는 회전이 감소하는 위치이므로 맥시멈을 사용한다.

수구위치에 따라 2쿠션수 값이 달라지는 것을 주의해야 한다. 수구가 롱쿠션(30,40,50)에서 출발하면 2쿠션 숫자는 5,10,15이고 숏쿠션(60,70,90)에서 출발하면 10,20,30이 된다.

두께를 얇게 쓰고 회전량을 줄여서 치는것도 방법이지만 시스템 입문자라면 맥시멈 회전에 익숙해지는 것이 확률을 높일 수 있다.

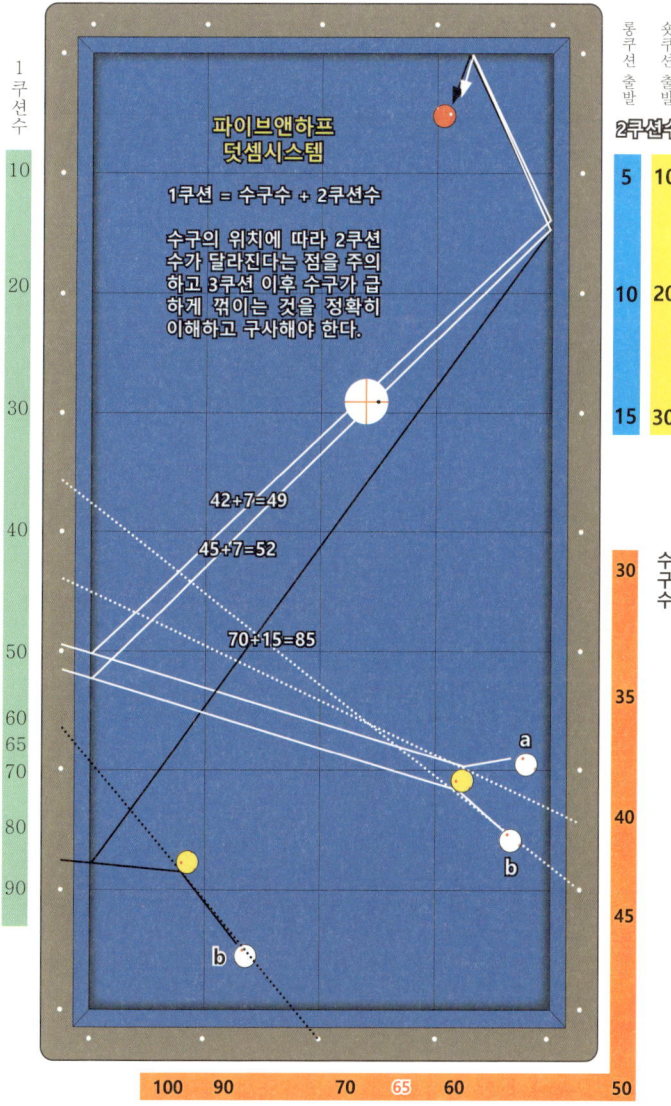

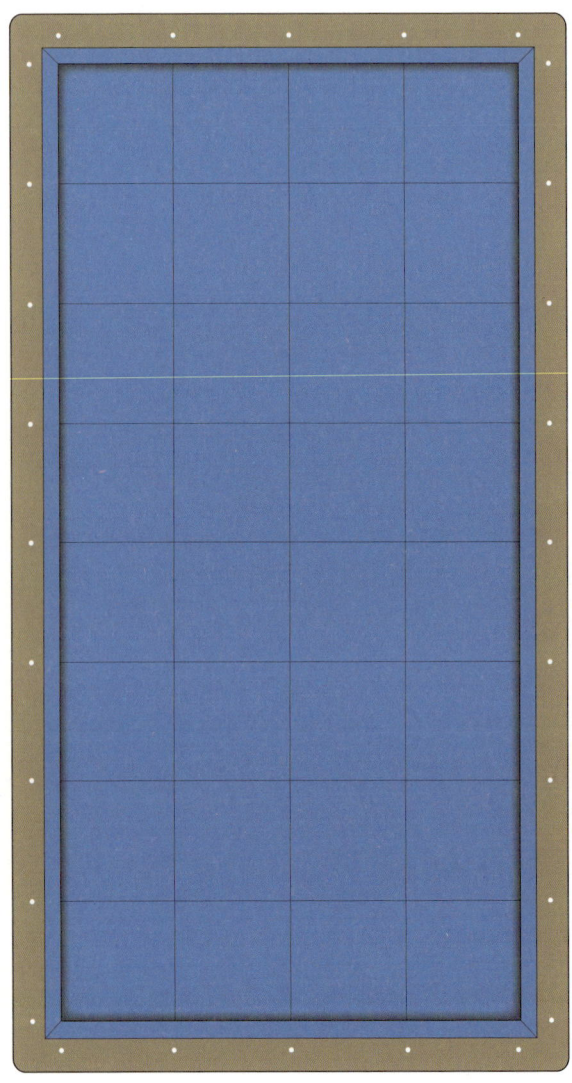

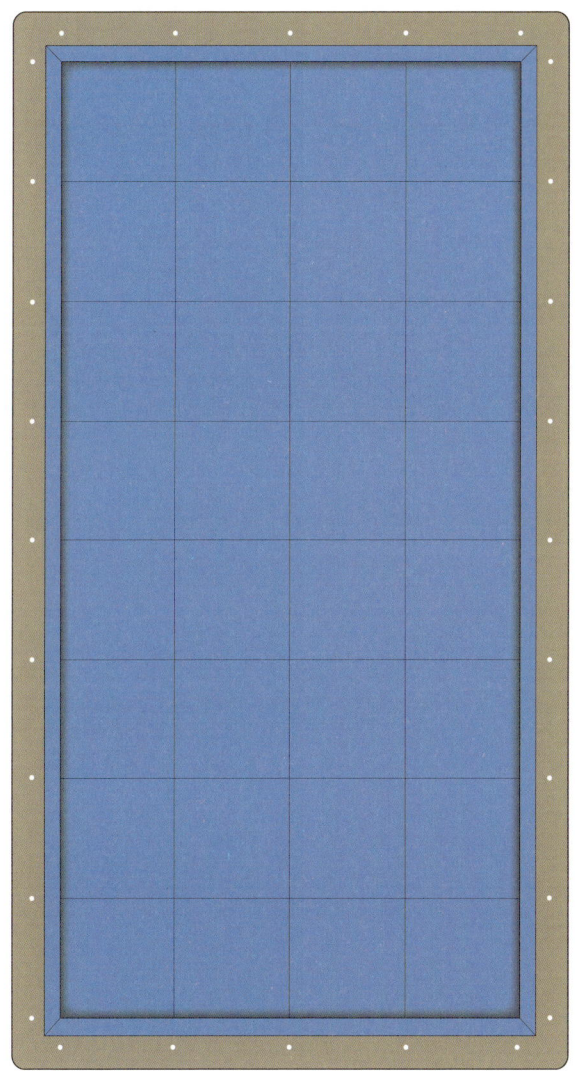

파이브앤하프
단장단시스템

단장단 구사는 무회전과 회전을 사용하는 두가지가 있는데 유형에 따라 선택한다. 다양한 단장단시스템이 있지만 1시 당점을 사용하는 파이브앤하프 단장단시스템이 여전히 주요하기에 장단장시스템과 함께 반드시 익혀두어야 하는 시스템이다.

시스템 입문 단계에서 가장 처음 만나는 것이 파이브앤하프장.단.장.시스템이기에 대부분의 입문자는 장단장시스템을 익히거나 익히다 마는 경우가 많지만 경험이 쌓이고 수지가 높아질수록 단.장.단 시스템의 유용성을 알게된다.

계산방법은 장단장시스템과 같은 **1쿠션=수구수-3쿠션수**인데 1쿠션수와 3쿠션수 그리고 수구값이 장단장시스템과는 완전히 다르다.

장단장시스템보다 당점(회전)에 민감하게 반응하기 때문에 부드럽고 일정한 스트로크를 구사하도록 연습해야 한다.

기본 당점은 2시이지만 수구의 위치나 개인의 회전량을 감안한 당점 선택이 필요하다.

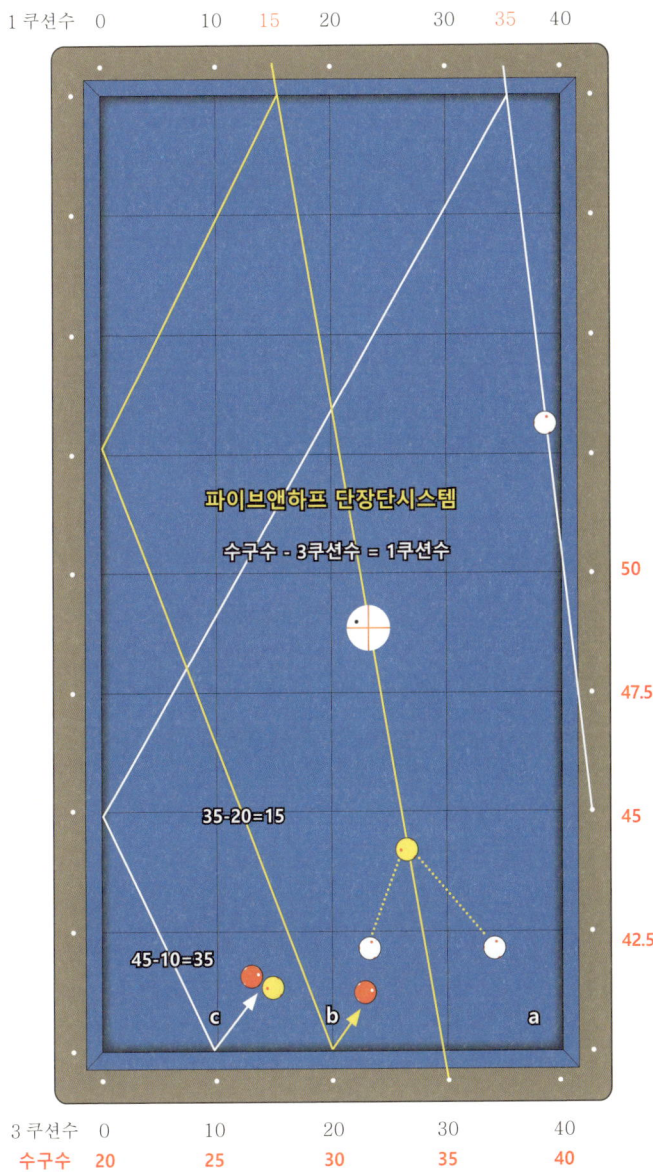

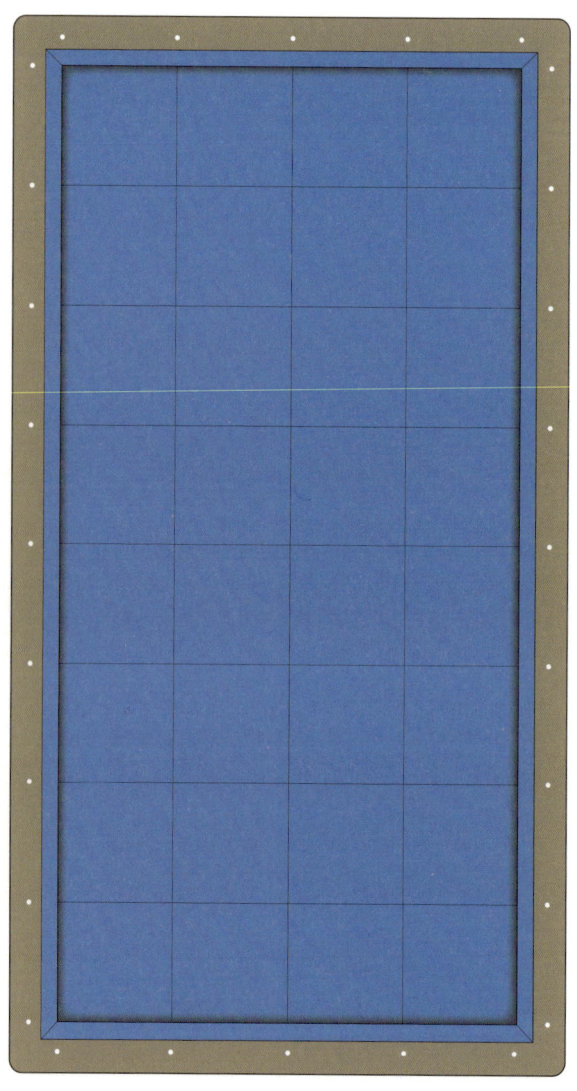

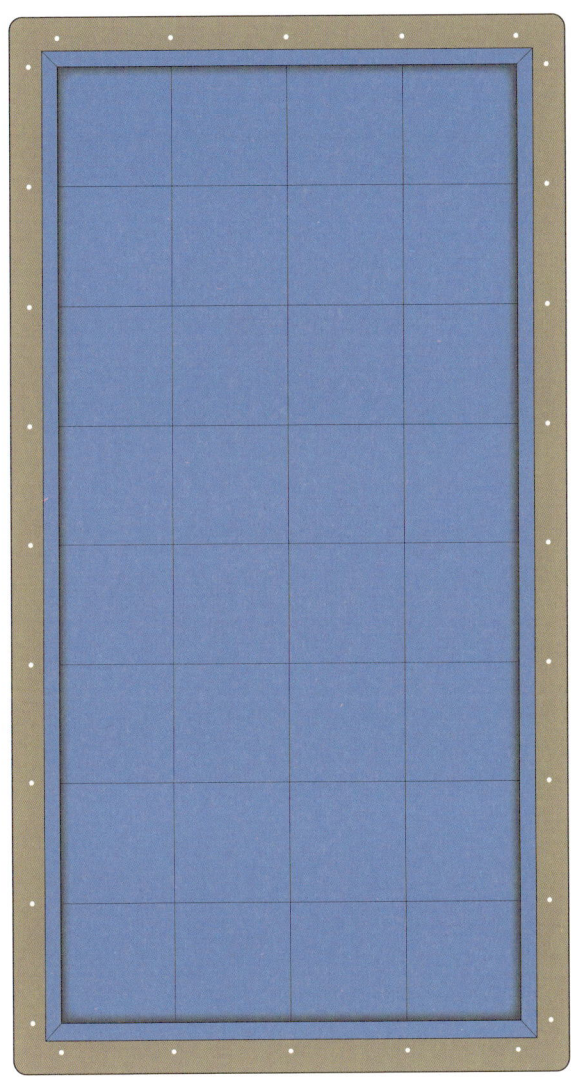

플러스시스템
코너값

플러스시스템을 배우기전에 먼저 알아두어야 할것이 롱쿠션에서 맞은편 코너로 스토르크 했을때 돌아오는 3쿠션값이다. 이 코너값은 그 자체로 득점 루트인 유용한 정보다.

그림의 붉은 숫자는 수구가 1쿠션 코너 0을 향했을 때 3쿠션 도착 위치를 표시한 보정값이다.

출발 위치로 돌아오는 60을 기준으로 사용하며 이 보정값은 플러스시스템을 제대로 활용하기 위해 꼭 필요하며 그 자체로도 몇가지 난구를 손쉽게 해결할 수 있기 때문에 꼭 외워 두는 것이 좋다.

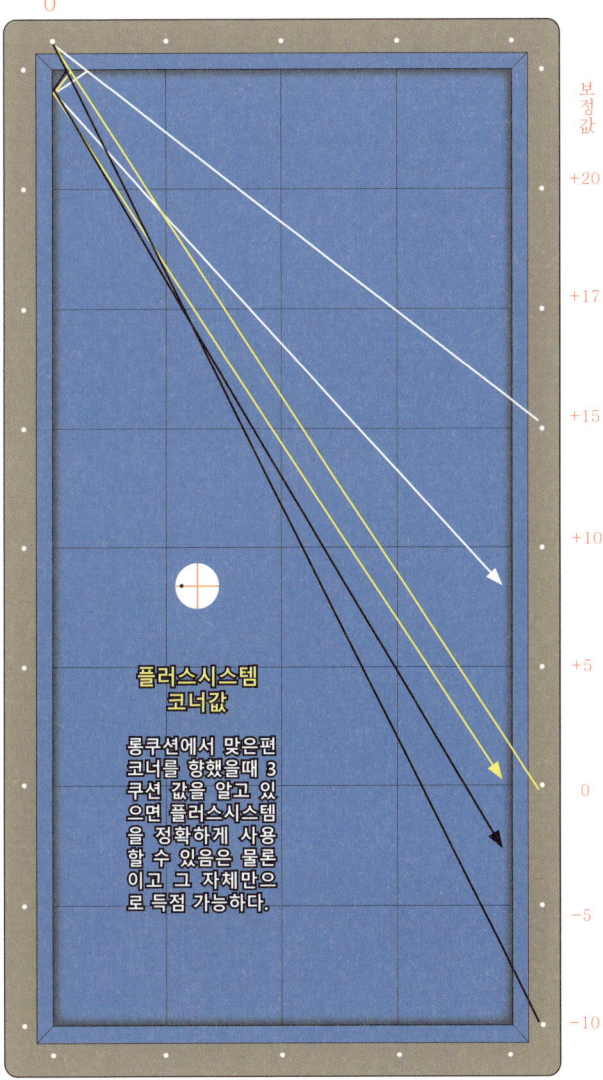

플러스시스템 I

플러스시스템은 수구 위치에 따라 다섯가지 유형이 존재한다.

파이브앤하프시스템과 함께 가장 많이 사용되는 시스템이며 파이브앤하프시스템으로 해결할 수 없는 포지션을 위해 만들어졌다.

플러스시스템이란 수구와 1적구 값을 더한다는 의미이며 공식은 **수구수+1쿠션수=3쿠션수** 이지만 실제로 계산할 때에는 파이브앤하프시스템과 같다.

1쿠션=3쿠션수 - 수구수

맥시멈 잉글리시를 사용하는 것이 기본이지만 당점과 스크로크 세기 그리고 테이블 상태가 수구의 진행을 좌우하므로 주의해야 한다.

시스템 입문자는 정확성을 기하기 위해 조심스럽게 플레이하는 경우가 많지만 가능한 부족하지 않을 힘을 사용하여 시원하게 친다는 느낌으로 구사하는 것을 추천한다.

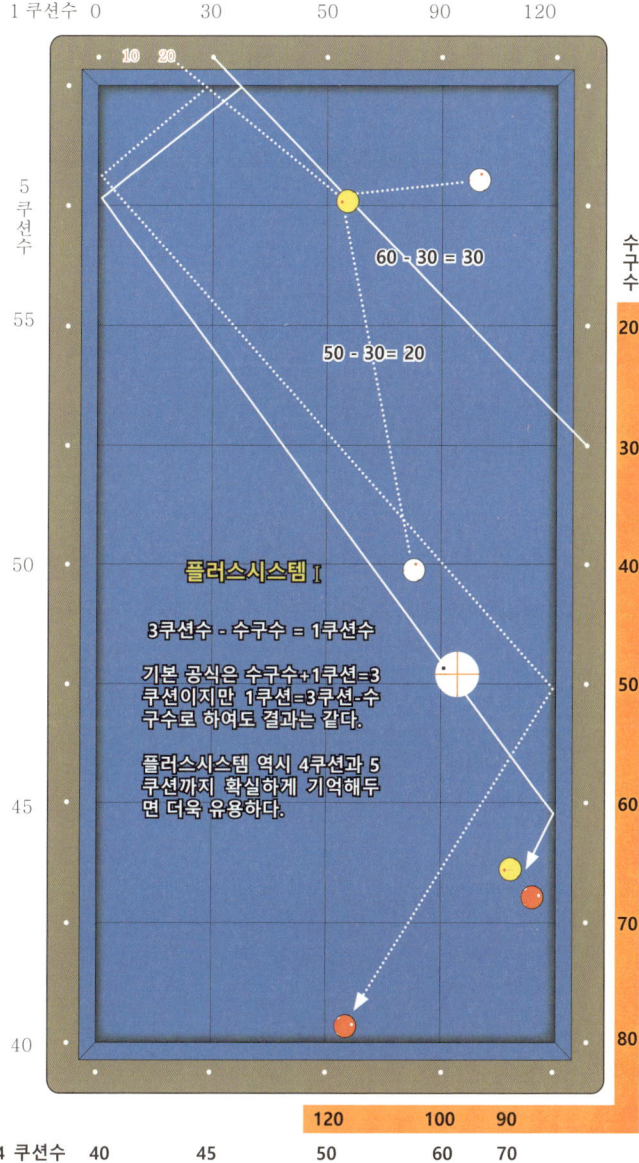

플러스시스템 II

플러스시스템 II는 수구가 0~20 출발이고 3쿠션이 4포인트 이내 3쿠션 20,30,40일때 사용한다. 3쿠션은 물론 4쿠션을 동시에 사용한다.

플러스시스템 II만 유일하게 1쿠션 수와 3시반 당점을 사용한다.

플러스시스템 II는 1쿠션 값이 다른 플러스시스템과 다르기 때문에 익숙해지기 전까지는 어렵게 느낄 수 있지만 수구의 위치에 따른 변화를 인지하고 나면 익숙하게 구사하게 될 것이다.

3쿠션뿐만 아니라 4쿠션을 반드시 함께 익혀두어야 한다.

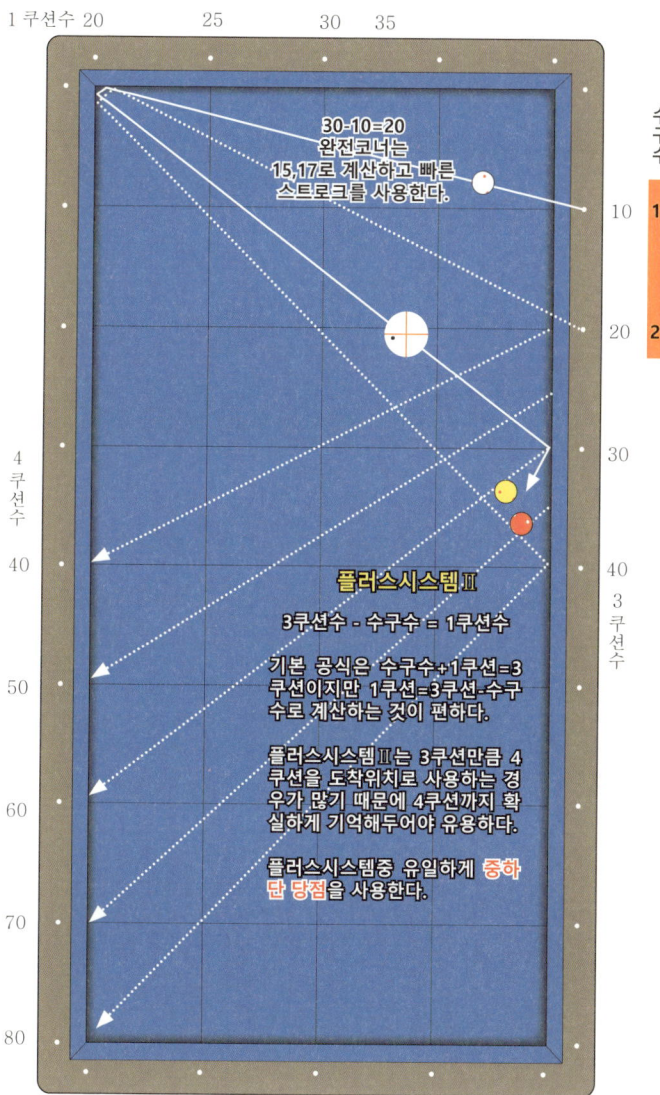

플러스시스템Ⅲ

플러스시스템Ⅲ는 수구 0~20 출발, 3쿠션은 4포인트 이상인 경우를 말한다.

플러스시스템Ⅲ은 수구값에 보정을 해야하기 때문에 플러스시스템Ⅰ과 별도로 나누어졌다.

플러스시스템 코너값에서도 알 수 있듯이 수구위치 첫번째와 두번째 포인트는 3쿠션을 향한 변수가 크기 때문에 반드시 보정을 해야한다.

1쿠션수가 플러스시스템Ⅰ과 같은데 플러스시스템Ⅱ와 잦은 혼돈을 주는 부분이니 정확하게 기억한다.

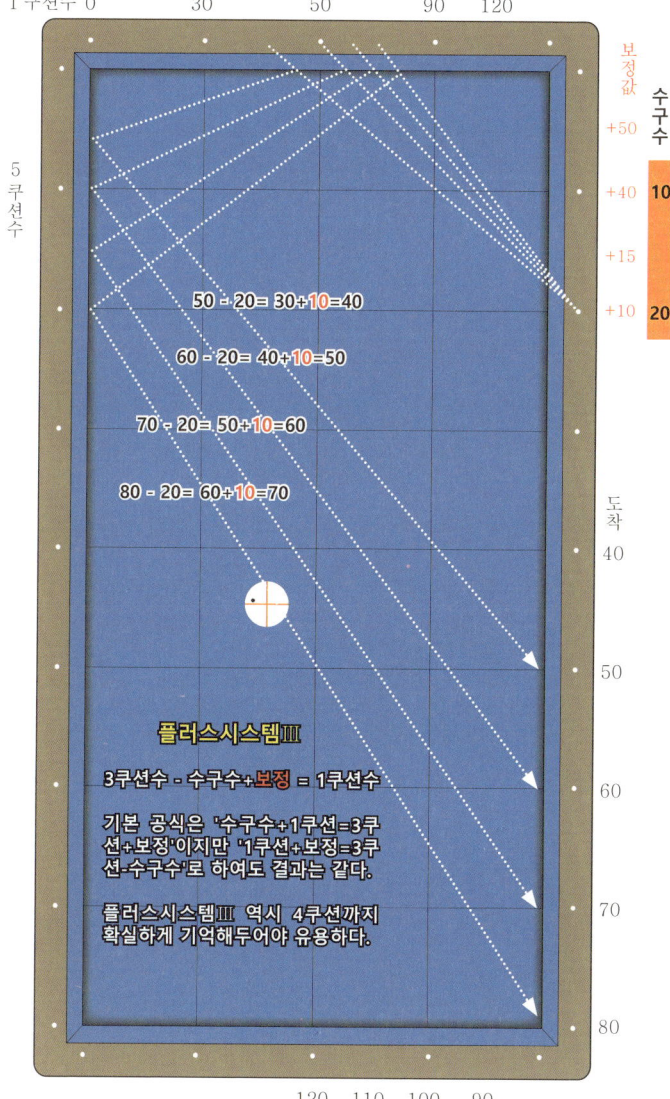

플러스시스템 IV

플러스시스템 IV는 수구가 코너에서 출발하는 경우에 사용한다. 그 외에 단장단 유형은 파이브앤하프 단장단시스템을 사용한다.

플러스시스템 IV는 수구가 코너에서 출발하는 경우를 말하며 계산은 임의의 수 20에서 3쿠션수를 빼준다.

즉 0=20-20 또는 10=20-10 등 계산이 간단하지만 스트로크의 세기에 따라 정확도 차이가 발생하므로 주의해야 한다.

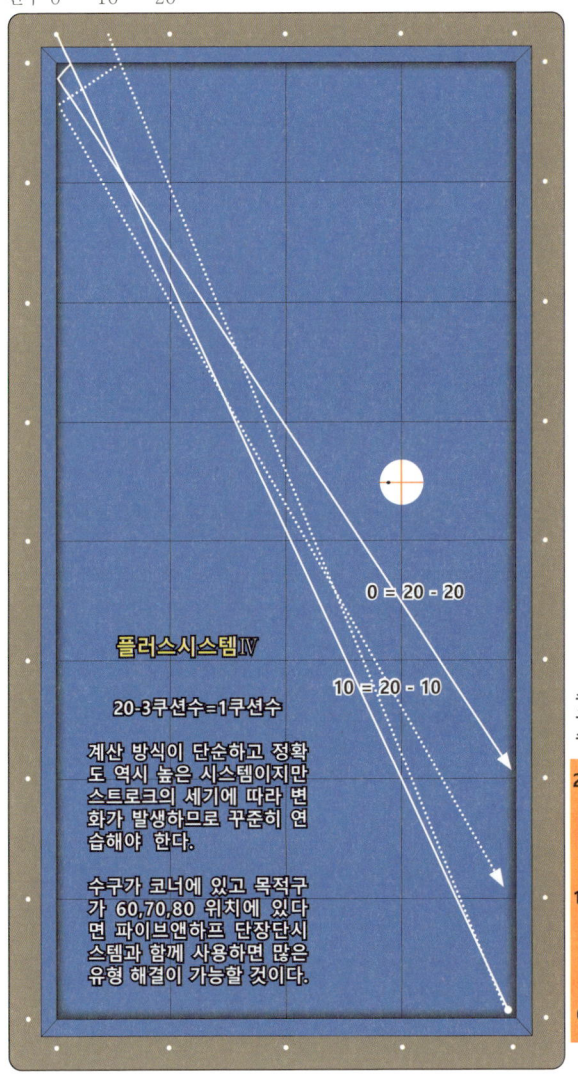

3쿠션 시스템의 기본이라고 할 수 있는 파이브앤하프시스템과 플러스시스템을 설명하였다. 파이브앤하프와 플러스시스템을 완벽하게 익히고 응용한다면 경기중 만나는 꽤 많은 기본형태를 해결할 수 있다. 다음은 기본 포지션외 다양한 포지션 해결을 위한 시스템과 방법들을 알아보자.

3쿠션 득점을 위해서는 두께, 당점, 속도, 진로를 알아야 한다. 대부분의 동호인은 두께와 속도의 중요성을 잘 알고 있으며 3쿠션 입문자 역시 수구의 구름을 모르는 사람은 없을 것이다. 하지만 두께와 스트로크보다 먼저 결정해야 하는 것은 수구의 구름, 즉 목적구 배치에 알맞는 1,2,3쿠션의 위치를 정확히 파악하는 것이다. 수구와 목적구의 위치는 물론 1,2,3쿠션까지 결정한 뒤에 스트로크 하는 버릇은 시스템보다 중요하다고 할 수 있을 것이다.

또한 파이브앤하프시스템을 만든 클루망 선수 역시 자신의 시스템을 완벽하게 이해하는데 십여년의 세월이 걸렸노라고 말한 것을 보면 시스템을 익히는 것은 생각보다 훨씬 어려운 것이다. 다만 지금은 많은 이들의 노력으로 쌓여진 데이터를 습득하는 것만으로도 시간을 단축할 수 있다는 점이 그나마 위안이라고 하겠다.

속도 : 스트로크 세기와 방법을 속도로 표현

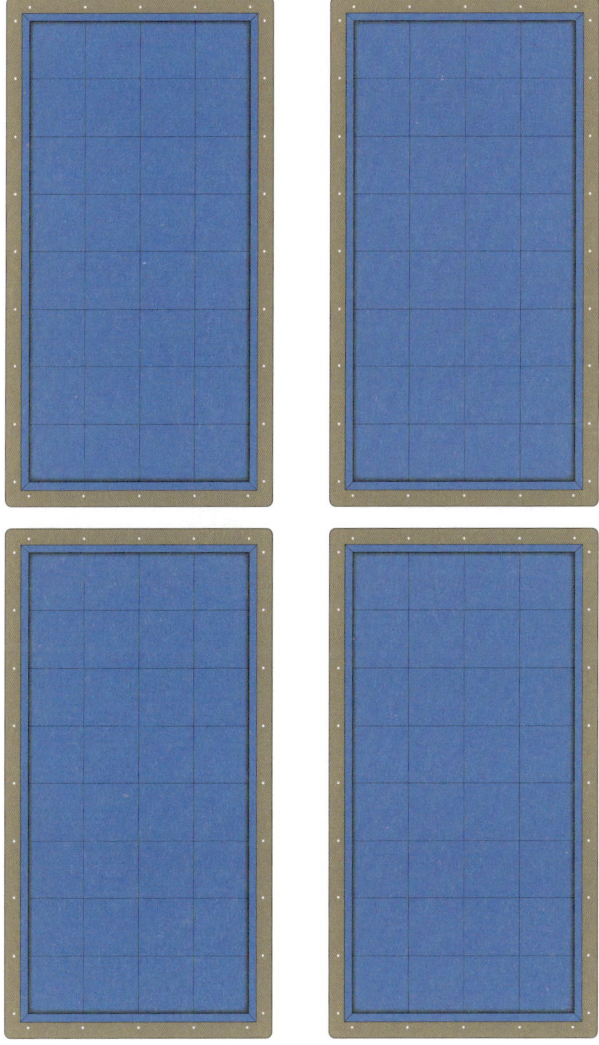

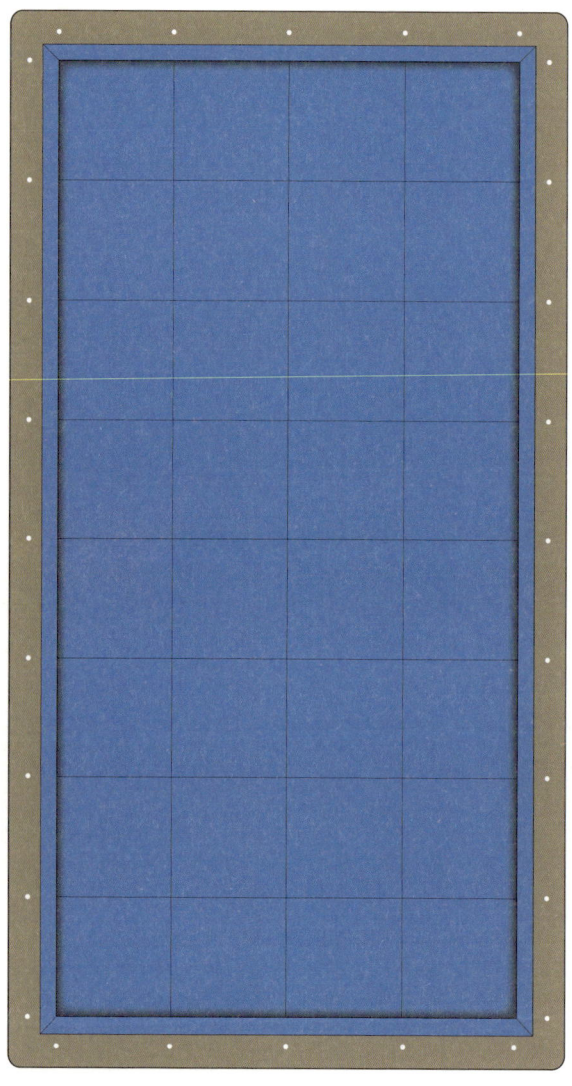

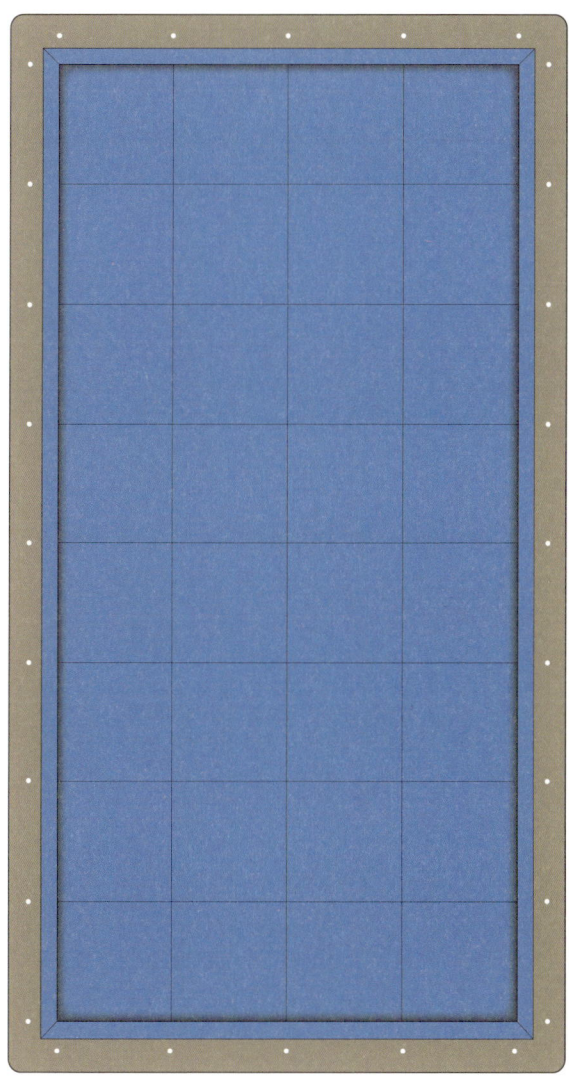

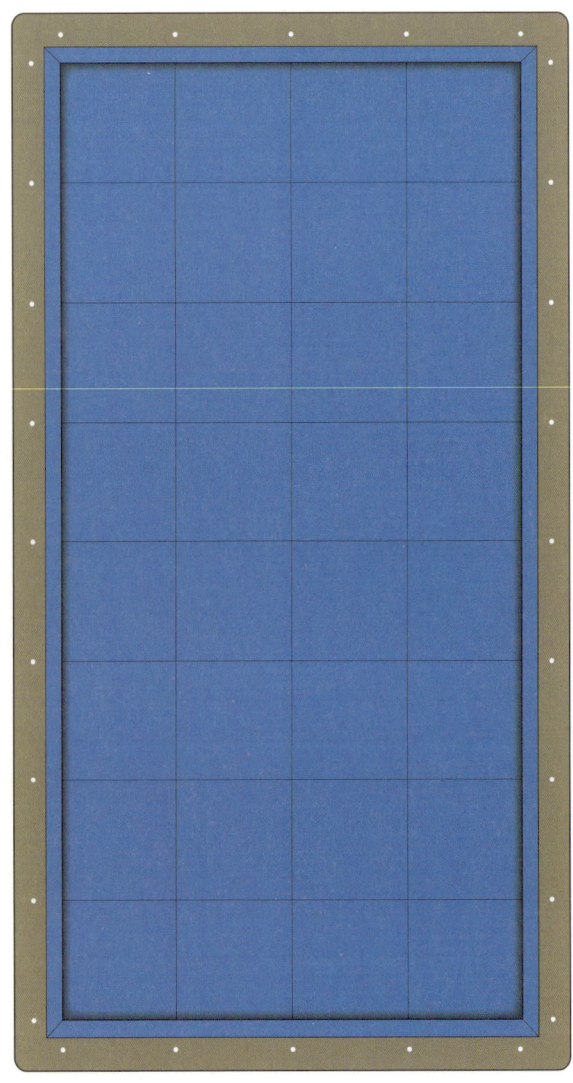

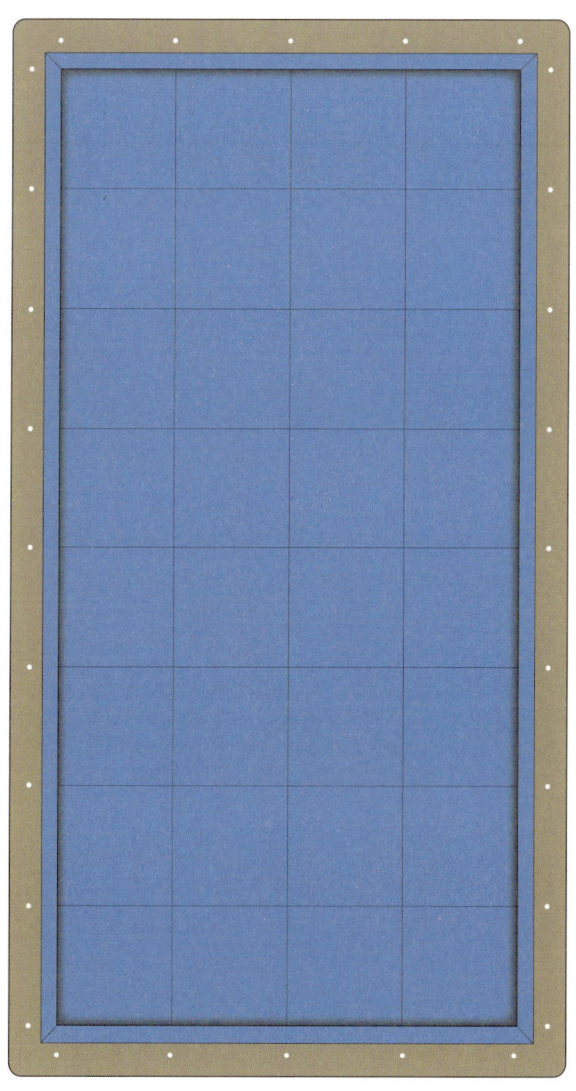

아코디언 횡단시스템

계산이 다소 복잡하여 포함 유무를 고민했던 시스템이지만 그림과 같은 포지션을 해결하기 위한 시스템으로는 유일하기 때문에 추가하였다.

이 시스템은 임의의 숫자 3과 9를 무조건 사용하는 것이 특징이다. 플레이어가 파악해야 하는 것은 수구(또는 1적구)와 2적구의 간격뿐이다.

즉 **1쿠션=3×(수구와 2적구 간격)-9**
로 계산하는데 여기서 3과 −9는 무조건 계산에 포함해야 한다. 계산 자체는 다소 복잡하지만 결과는 꽤 정확하다.

그림 설명처럼 a위치와 b위치에서 회전량에 변화가 있으므로 알맞게 사용한다.

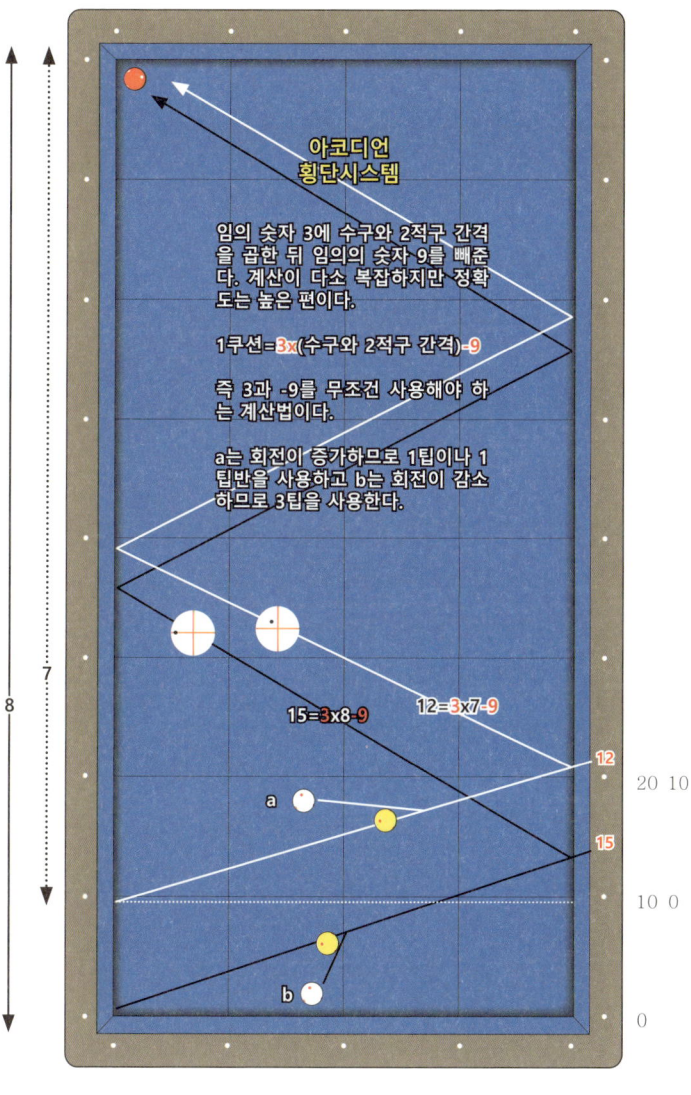

롱쿠션
더블레일시스템

파이브앤하프시스템에서 50-30=20이 기준이듯 더블레일시스템은 70-20=50을 기준으로 사용한다.

더블레일시스템도 여러가지가 있지만 파이브앤하프를 이용한 시스템이 가장 편하다. 수구수와 1쿠션수가 파이브앤하프시스템과 같기 때문에 3쿠션수만 외우면 되기 때문이다.

1쿠션=수구수-3쿠션수

더블레일시스템을 구사할 때 가장 중요한 점은 수구회전량과 스트로크의 세기이다. 기본은 맥시멈이지만 원팁 미만의 회전을 사용하는 것이 편할 때도 있으므로 연습을 통해 자신의 회전량과 스트로크 세기를 확인해야 한다.

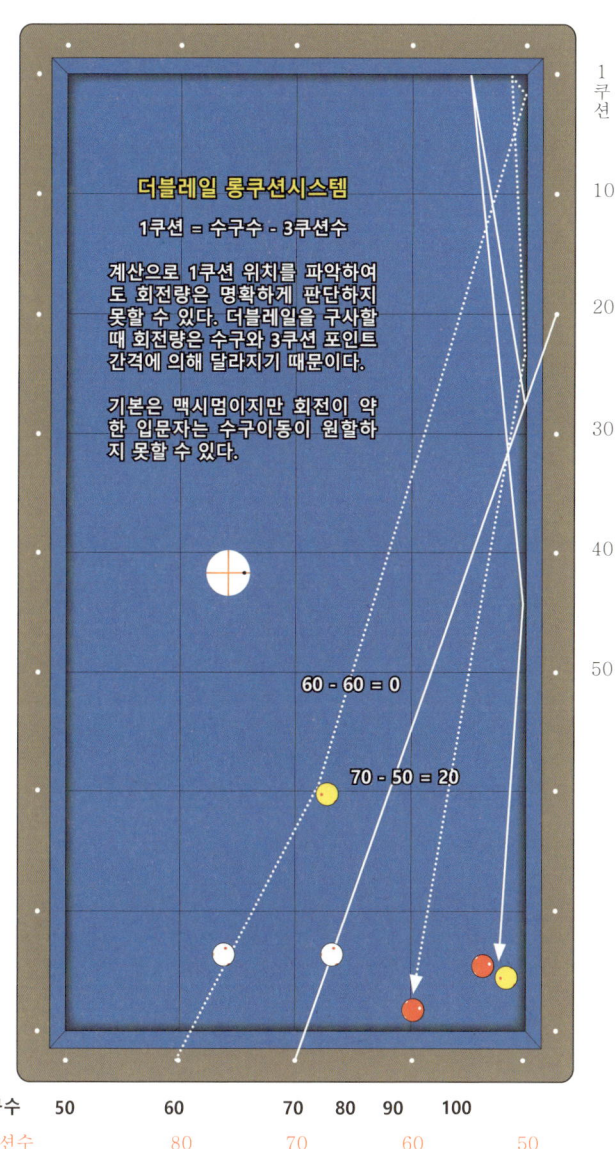

17빼기 숏쿠션
더블레일시스템

롱쿠션더블레일시스템을 응용해도 같은 결과를 얻을 수 있지만 여기서는 좀 더 최적화된 시스템을 알아보자. 반대로 롱쿠션더블레일에서는 임의의 값35에서 수구+목적구값을 빼준다.

수구와 3쿠션값을 더한 값을 한계각 17에서 빼준다. 수구의 회전을 각도에 따라 3단계(1팁,2팁,3팁)로 나누어 적용하면 한결 수월하며 한계각을 넘으면 사용하지 않는다.

17- (목적구수+수구수)=1쿠션

한계각 17은 평균값이며 테이블 천이 새 것이면 정확한 위치 지정이 어려울 수 있으므로 테이블 컨디션을 반드시 확인해야 한다.

한계각 또한 개인마다 다르기 때문에 직접 확인한 후 자신의 한계각을 대입하여 사용한다.

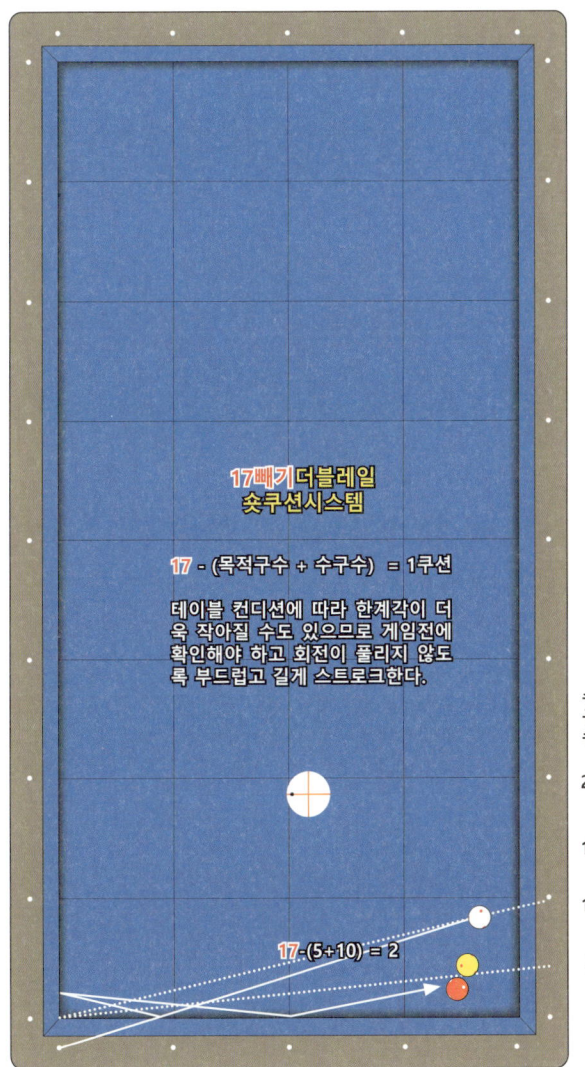

평행이동 더블쿠션시스템

계산을 하는 더블쿠션은 시스템 입문자에게는 오히려 확률이 떨어지므로 평행이동 무회전 옆돌리기를 응용한 평행이동 무회전 더블쿠션을 알아보자.

평행이동 더블쿠션은 수구와 2쿠션 포인트와 수구사이의 1/2 지점에서 코너로 향하는 각도를 수구쪽으로 이동하여 1쿠션 위치로 삼는다. (같은 방법을 제각돌리기나 비껴치기에서도 소개하였다.)

1쿠션 위치가 정해지면 기울기에 따라 생각보다 두껍게 느껴질 수도 있고 생각보다 얇게 느껴질 수도 있지만 충분히 연습을 하여 그 두께에 익숙해진 뒤 얇은 두께에 회전을 더해 편하게 치는 방법을 연습한다.

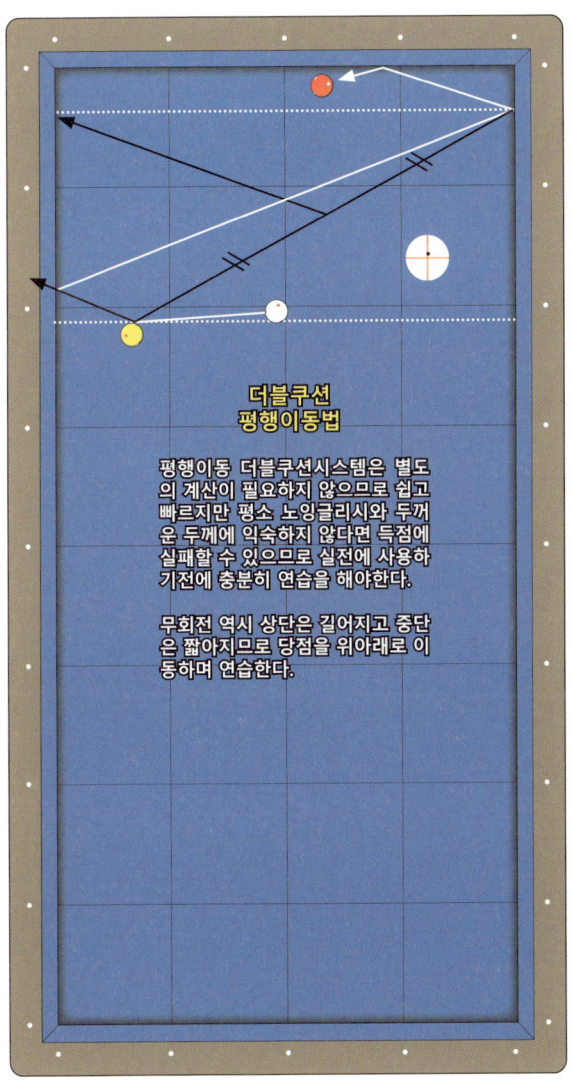

더블쿠션 평행이동법

평행이동 더블쿠션시스템은 별도의 계산이 필요하지 않으므로 쉽고 빠르지만 평소 노잉글리시와 두꺼운 두께에 익숙하지 않다면 득점에 실패할 수 있으므로 실전에 사용하기전에 충분히 연습을 해야한다.

무회전 역시 상단은 길어지고 중단은 짧아지므로 당점을 위아래로 이동하며 연습한다.

리버스시스템 I

다양한 리버스시스템중 시스템 입문자의 선택이 가능하도록 곱셈시스템과 덧셈시스템 한가지씩 소개한다. 목적구의 위치에 따라 적합한 시스템을 사용하면 된다.

계산은 **수구수X3쿠션수(±보정)=1쿠션수**이며 보정을 하지 않으면 수구가 코너에 맞게 되니 반드시 보정을 해주어야 한다.

맥시멈잉글리시를 사용하여 회전이 끝까지 유지되도록 큐를 길게 밀어쳐야 한다. 다만 너무 세게 치면 정확한 2쿠션 위치를 맞출 수 없다는 것도 주의하자.

수구위치가 숏쿠션에 있을 때는 부드럽게, 롱쿠션에 있을 때는 강하게 스트로크한다.

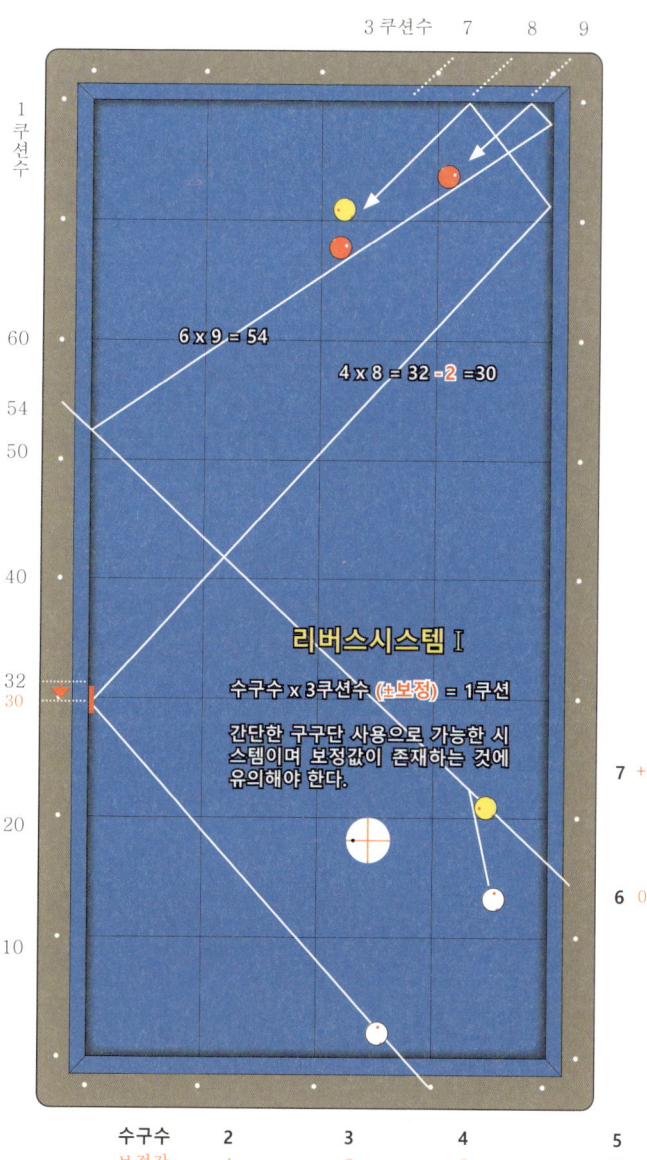

리버스시스템 II

3쿠션 구사방법도 시대에 따라 변한다. 20세기에는 퍼포먼스 위주의 화려한 공격이 돋보였지만 21세기에는 보다 자연스럽고 직관적이며 실수 확률이 낮은 공격이 선호되고 있다.

첫 번째 소개한 리버스시스템이 목적구가 코너에 있을 때 유용한 반면, 두 번째 리버스 시스템은 목적구의 다양한 위치에 대응 가능하다.

계산은
수구수+3쿠션수±보정=1쿠션수다.

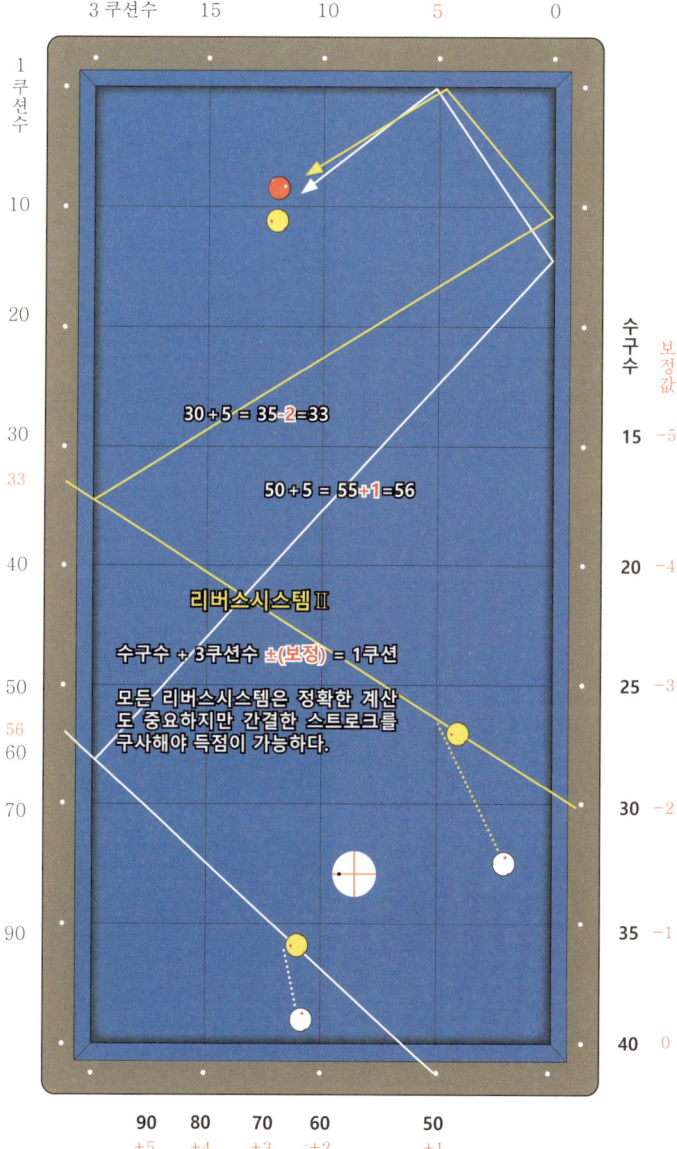

비껴치기시스템

1적구가 테이블에 가까이 있을때 사용하는 일출일몰시스템.

수구와 1적구가 45도를 이루고 있을때 무회전을 기준으로 수구가 롱쿠션으로 이동하면 회전을 더하고 숏쿠션으로 이동하면 회전을 빼주어 조절한다.

마찬가지로 1적구의 위치에 따라 회전(당점)을 가감하고 2적구가 3쿠션 주변 코너에 있거나 4쿠션 위치에 있을때도 그림상의 회전량을 참고하여 공략한다.

위치값만 있고 별도의 계산은 없지만 위치이동에 따른 당점 변화를 이해한다면 비껴치기에 대한 기준이 확립 될 것이다.

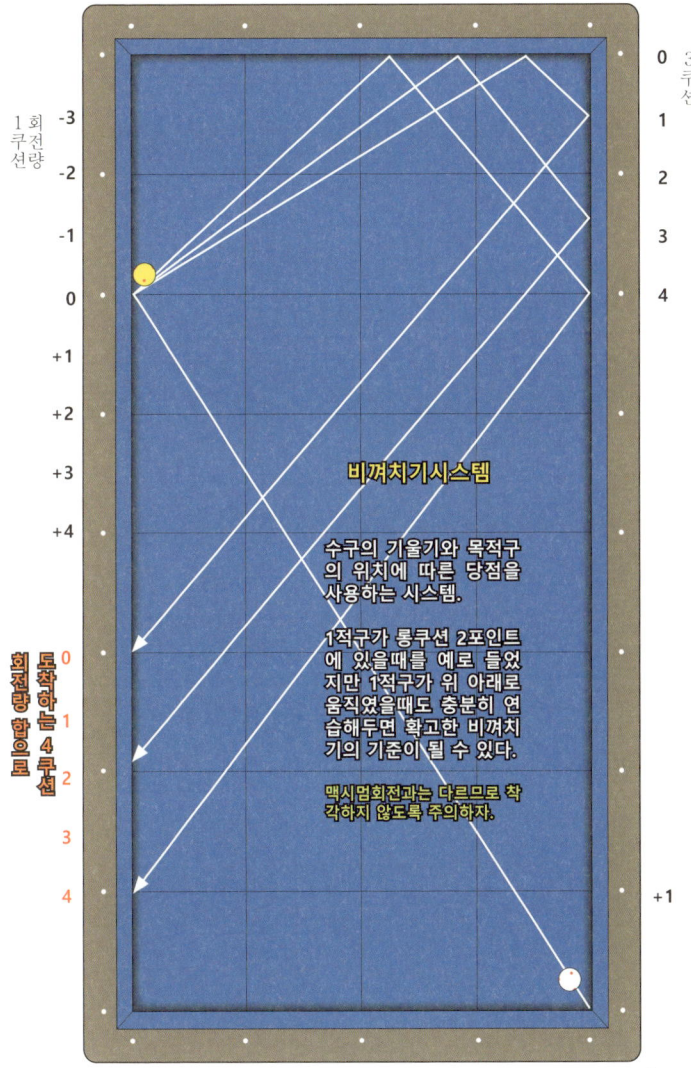

맥시멈잉글리시
비껴치기

비껴치기 역시 다양한 시스템이 존재하고 파이브앤하프시스템을 응용해도 계산은 가능하지만 좀 더 비껴치기에 최적화 된 시스템을 소개한다.

비껴치기 경로를 파악한 후에 가장 궁금한 것이 수구회전량일 것이다. 회전량에 따라 득점이 되거나 실패하기 때문이다. 맥시멈잉글리시 비껴치기시스템은 그런 고민을 덜어주기 때문에 추천할 수 있다.

다음 페이지처럼 1쿠션수 위치가 단쿠션 앞쪽 4위치 이내에 있을 때를 제외하면 언제나 맥시멈잉글리시를 사용하기 때문이다.

계산은 **3쿠션-수구수=1쿠션**이다.

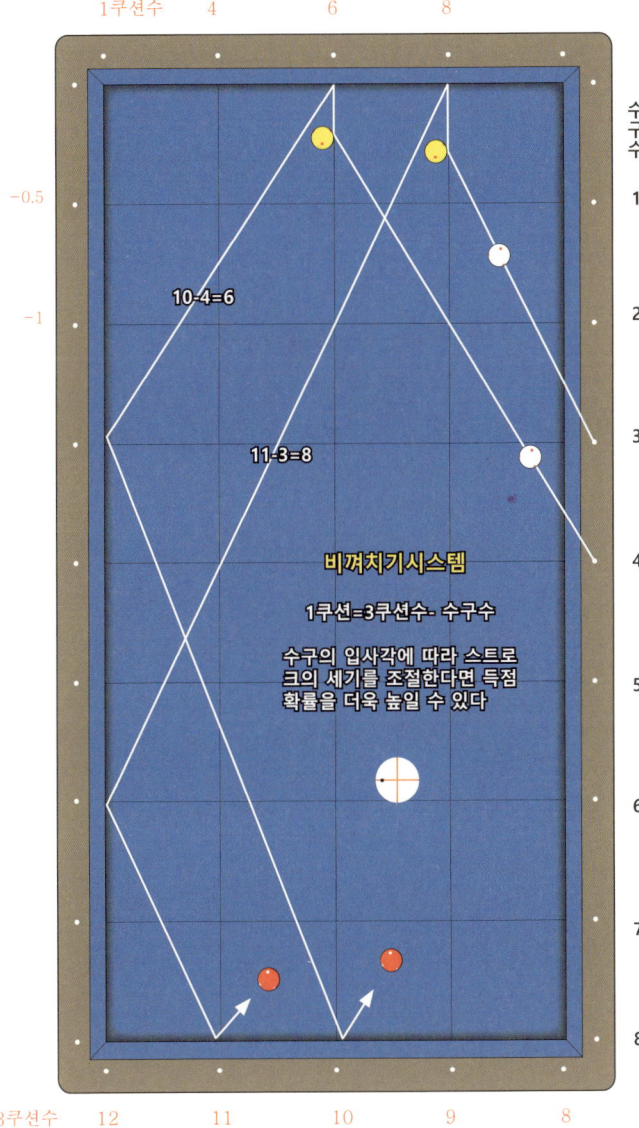

맥시멈잉글리시
비껴치기

위치에 따라 2쿠션 부분의 감소가 있을 수 있으니 계산에 착오가 없도록 주의하자.

1적구가 숏쿠션 1포인트(1쿠션 포인트 4) 위치에 있고 2적구가 그림과 같은 위치에 있을 때에는 맥시멈 잉글리시만으로는 해결할 수 없다.

이때는 당점을 바꾸어 회전량 변화로 해결한다. 이런 유형에서는 1적구와 수구의 두께가 민감하게 작용하므로 연습을 통해 두께에 익숙하도록 준비해야 한다.

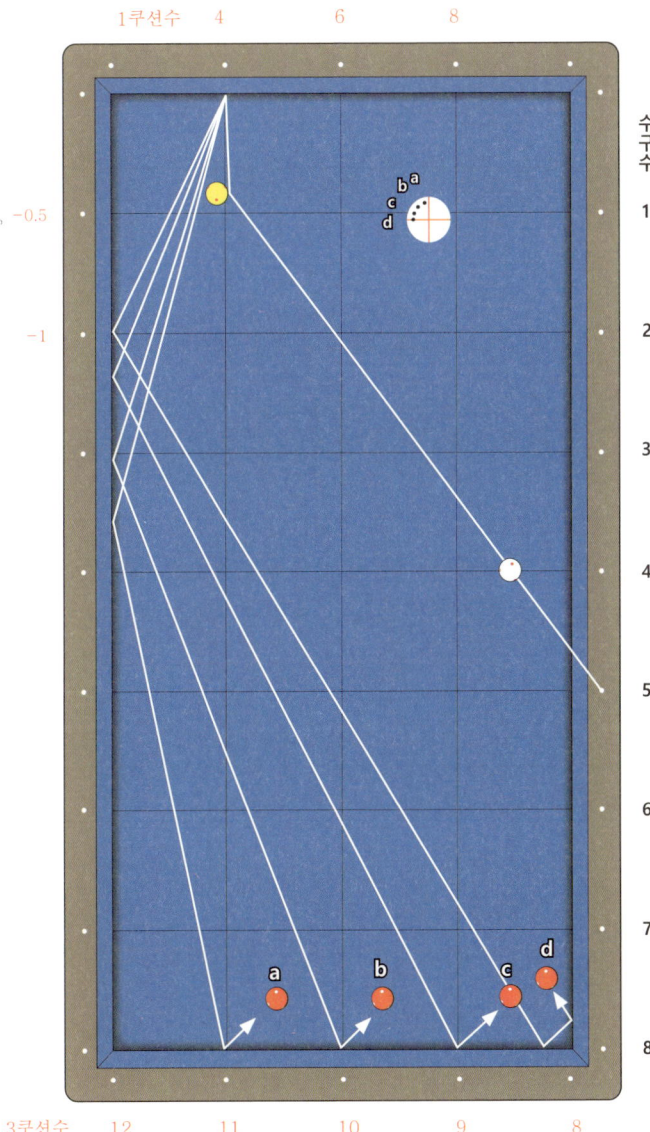

642
앞돌리기

642앞돌리기 시스템은 단장단 앞돌리기를 짧게 또는 길게 구사할 때 정확한 2쿠션 위치를 알기 위해 사용한다. 검은색 선은 앞돌리기 짧게, 흰색 선은 앞돌리기 길게, 노란색 선은 비껴치기 형태를 보여준다.

642앞돌리기는 3쿠션 입문자들이 더블 시스템과 함께 가장 어려워하는 포지션인 앞돌리기를 쉽고 간단하게 해결할 수 있는 시스템이다. 642란 앞돌리기를 짧게 구사했을 때 수구가 도착하는 3쿠션 위치 6,4,2를 말하고 앞돌리기를 길게 구사한다면 3쿠션 위치는 6,8,10,12를 사용한다.

2쿠션=수구수×3쿠션

파이브앤하프만으로도 득점할 수 있지만 정확한 2쿠션 위치를 알고 구사하는 것이 향후 감각화에 큰 도움이 될 것이다.

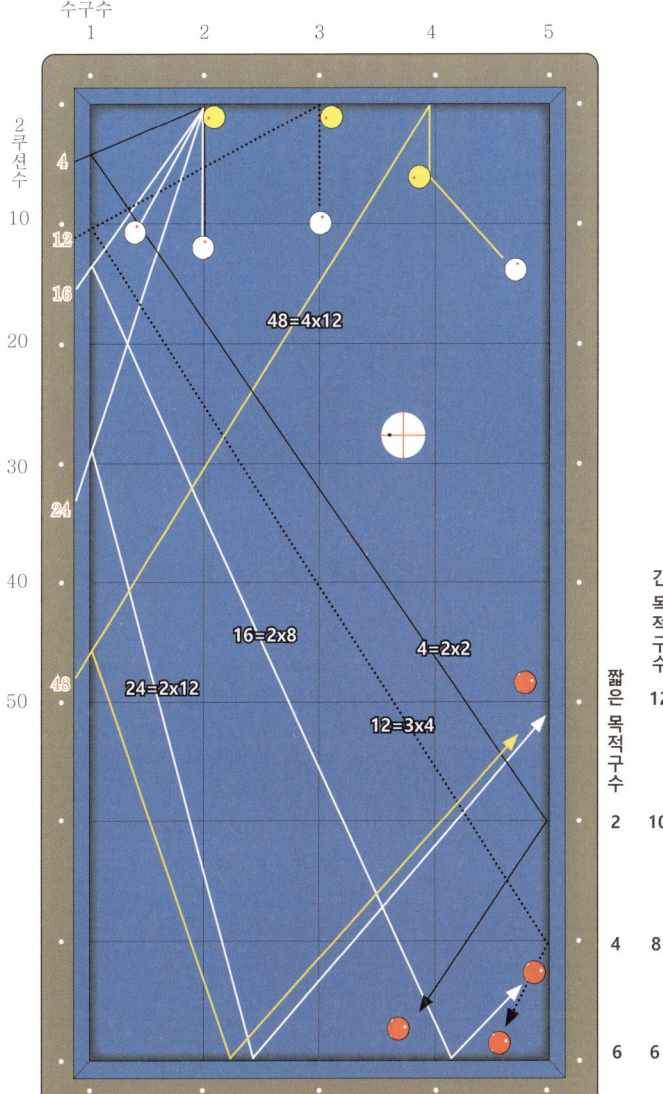

플레이트시스템

3쿠션 득점을 위해서는 두께, 당점, 스피드의 비중을 알맞게 사용해야 하는데 플레이트시스템은 두께와 스트로크의 스피드가 중요하다.

계산은 **1쿠션=수구수×목적구수**

당점은 3시 맥시멈이며 **1쿠션 날을 겨냥**하고 리버스시스템과 마찬가지로 부드럽고 간결하게 스트로크해야 한다. 걸어치기를 구사한다면 포인트를 공략한다.

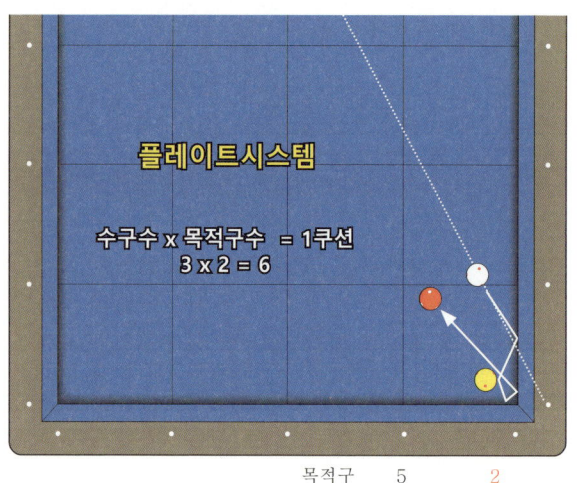

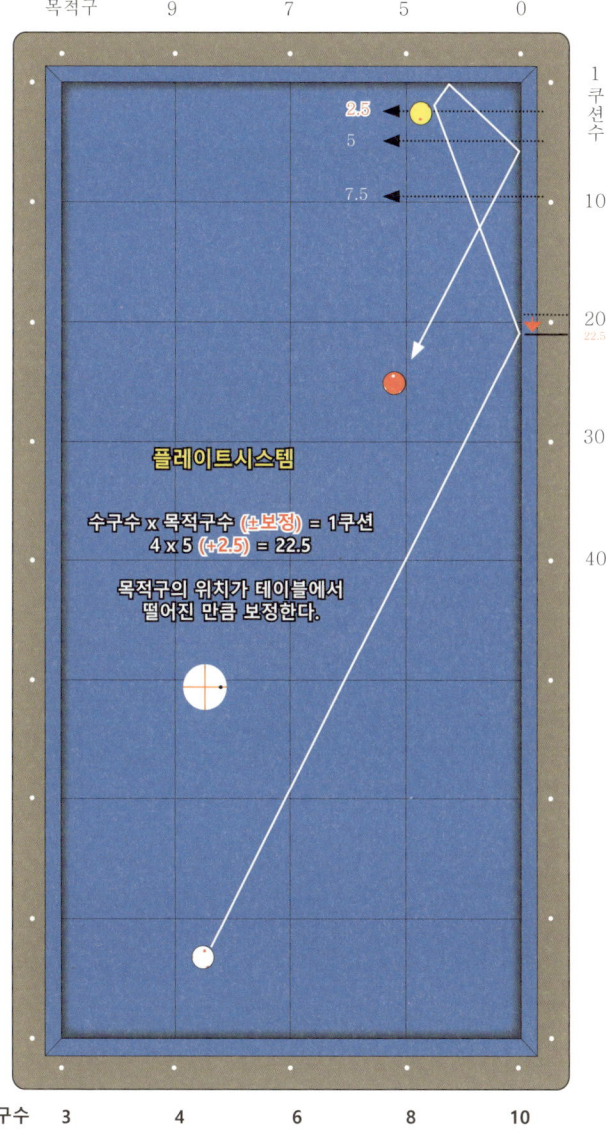

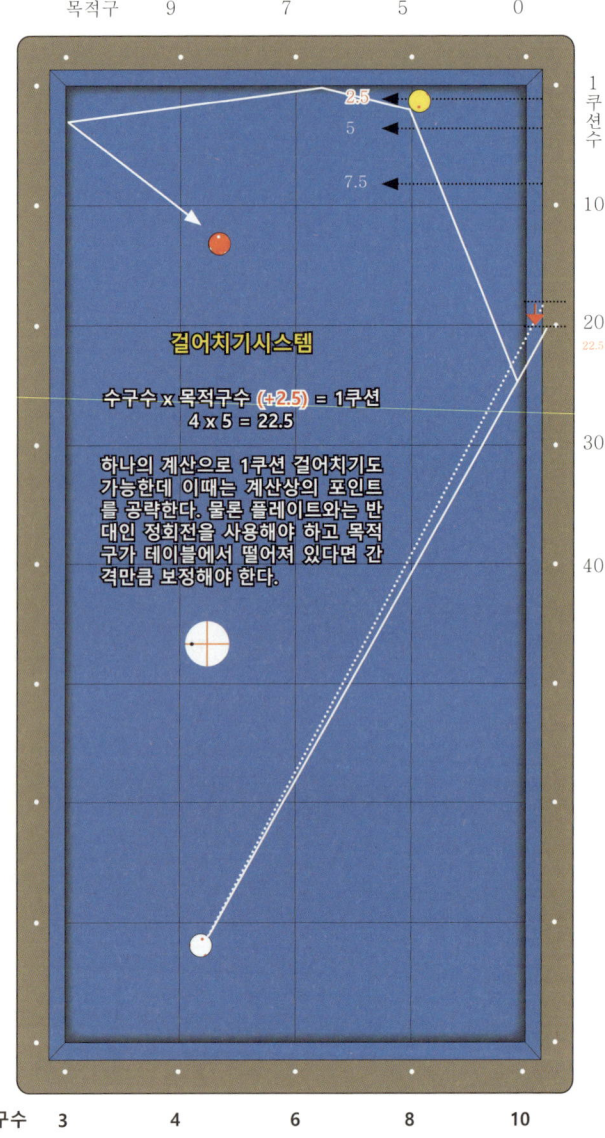

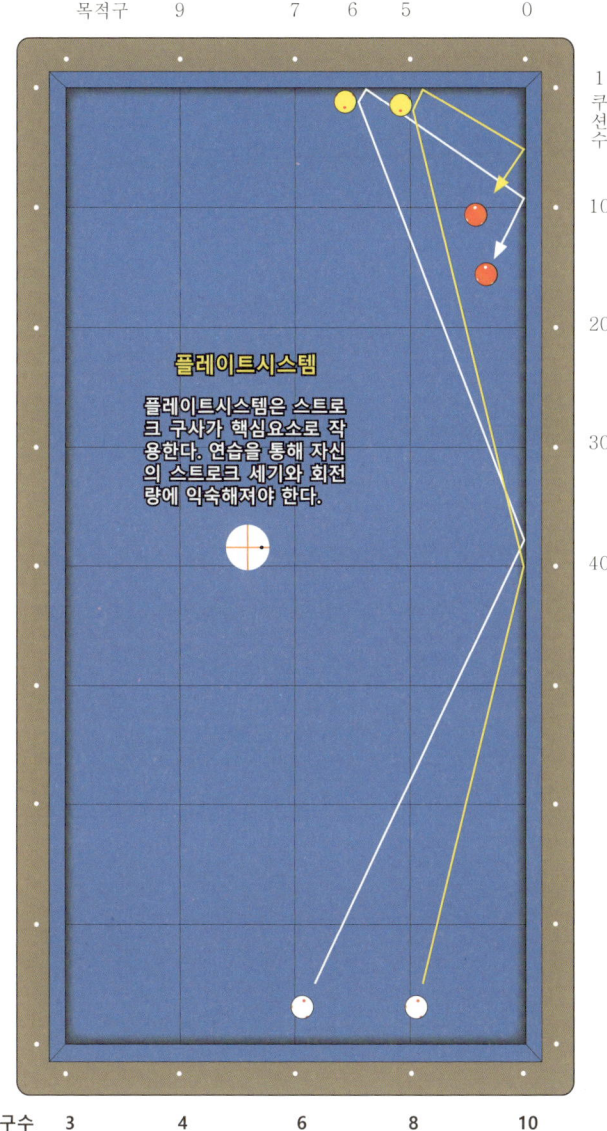

3쿠션 세계선수권, 월드컵대회 역사

두 개의 공만 사용하던 당구는 1770년 프랑스에서 처음으로 세 개의 공을 사용하는 게임이 고안되었고 3쿠션 게임의 원형이 되었다. 프로 당구대회는 1870년 유럽에서 처음 열렸다가 중단되고 1878년 미국에서 개최되어 현재에 이른다. 1876년 미국에서의 게임을 끝으로 4구는 서구에서 영원히 사라졌다. 지루하다는 이유 때문이다.

1928~ (50점 단판경기)

유럽주최 3쿠션 세계선수권대회는 UIFAB에 의해 1928년 5월 프랑스 랭스에서 처음 개최되었고 터키의 에드몬드 소사 선수가 에버리지 0.5로 원년 챔피언이 되었다. 1952년 11월 아르헨티나 부에노스아이레스 제13회 경기에서 아르헨티나의 페드로 레오폴드 카레라가 처음으로 에버리지 1.07을 기록하였다.

1960~ (60점 단판경기)

1959년 스페인 마드리드에서 세계캐롬당구연맹 UMB가 창설되어 1963년부터 1987년까지 매년 개최되었고 이때 3쿠션의 살아있는 전설 레이몽드 클루망이 등장하여 1963년 10월 독일 노이스에서 열린 제18회 세계선수권대회에서 에버리지 1.307의 실력으로 당시 1.0 수준의 에버리지 선수들을 압도하며 우승한다. 이후 1973년까지 11년간 연속 세계챔피언이 되지만, 1974년 일본의 고바야시 노부야키에게 패해 준우승을 한뒤 이듬해인 1975년부터 1980년까지 다시 6년연속 우승하며 종합 20번의 세계챔피언이 되어 스포츠 역사상 전무후무한 대기록을 달성하였다.

1986년 5월 미국 라스베가스에서 24세 토비욘 브롬달이 첫 출전한 대회에서 레이몽드 클루망을 이겨 파란을 일으키고 1987년 이집트 카이로 대회에서 첫 번째 세계챔피언이 된다.

한국인으로는 고이상천 선수가 전국당구선수권대회에서 다섯번(기타대회포함 열번)우승한 뒤 1987년 미국 이민, 1990~2001년까지 내셔널챔피언십 12연속 우승, 1990~1994년까지 미국내대회 41연승 기록을 세운다. 1991년 5월 벨기에 겐트에서 브롬달에 이어 준우승하고 다음대회인 독일 베를린에서 우승한다. 이후 1992년 벨기에 브뤼셀, 터키 이스탄불, 1993년 네덜란드 암스테르담, 1994년 벨기에, 1997년 미국 라스베가스등 월드컵 6회 우승을 차지하고 1993년 월드챔피언이 되지만 이민으로 인한 미국국적 소유자였기 때문에 한국기록으로 인정하지 않는다.

1997~ (15점 5셋트)

1997년 토비욘 브롬달, 1998년 다니엘 산체스, 1999년 프레드릭 쿠드롱, 2000년 딕 야스퍼스가 차례로 우승하며 4대천왕 시대를 연다.

2001년 10월 룩셈부르크 제54회 세계선수권대회에서 64세 노장 레이몽드 클루망이 자신의 스물한번째 세계챔피언 타이틀을 획득한다. 그후 15년이 지난 2016년 현재 80세에 가까운 고령임에도 국제 대회에 꾸준히 참가중이며 좋은 성적을 거두고 있다.
아시아에서는 일본의 고바야시 노부야키가 1974, 1984년 두번 우승하였고 2007년 11월 에콰도르 쿠엥카 제60회 세계선수권대회에서 우메다 류지가 우승하였다.

2012~ (40점 단판경기)

한국선수 우승기록 (2017년 현재)
고 김경률 2010년 수원, 터키 월드컵 2회 우승
최성원 2011년 프랑스 마스터스, 2012년 터키 월드컵, 2014년 3쿠션 세계선수권 우승(한국선수 공식경기 최고 하이런 26점)
조재호, 강동궁, 허정한 3쿠션 월드컵 우승
김행직 주니어대회4회우승, 2017 포루투갈, 2017청주월드컵 2회연속 우승 **조명우, 김태관** 주니어대회 우승
한국은 대회마다 점수를 다르게 운영하기 때문에 공식 기록으로 남지 못하는데 하루빨리 단일 점수 체재가 되어야한다.

한 경기 최고 에버리지 (2018년 현재)
프레드릭 쿠드롱 1996년 한국오픈월드컵 15점 5셋트 경기중 15점 3셋트 9이닝 45점 승리 에버리지 5.0 **에디 맥스** 2011년 독일 분데스리가 리그 6이닝 50점 에버리지 8.333 **딕 야스퍼스** 2018년 독일 월드컵 **4이닝 40점 에버리지 10.0**(세계신기록)

베스트 게임
토비욘 브롬달 2000년, **마르코 자네티** 2004년, **프레드릭 쿠드롱** 2004년 벨기에 리그, 2009년 네덜란드 리그, 2015년 네덜란드 리그 총 세번 9이닝 50점 에버리지 5.555

1이닝 최고 하이런
대회 1993년 주니치 고모리 28점, 1998년 레이몽드 클루망 28점, 2012년 롤란드 포톰 28점, 2013년 프레드릭 쿠드롱 28점
포르투갈 리그전 세미 세이기너 31점 **비공식** 조명우 32점

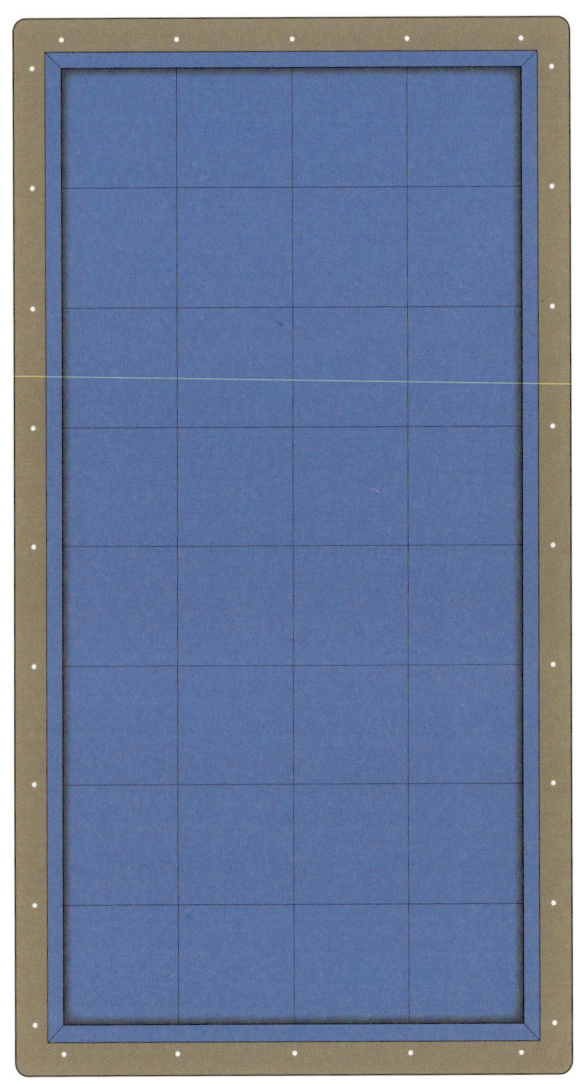

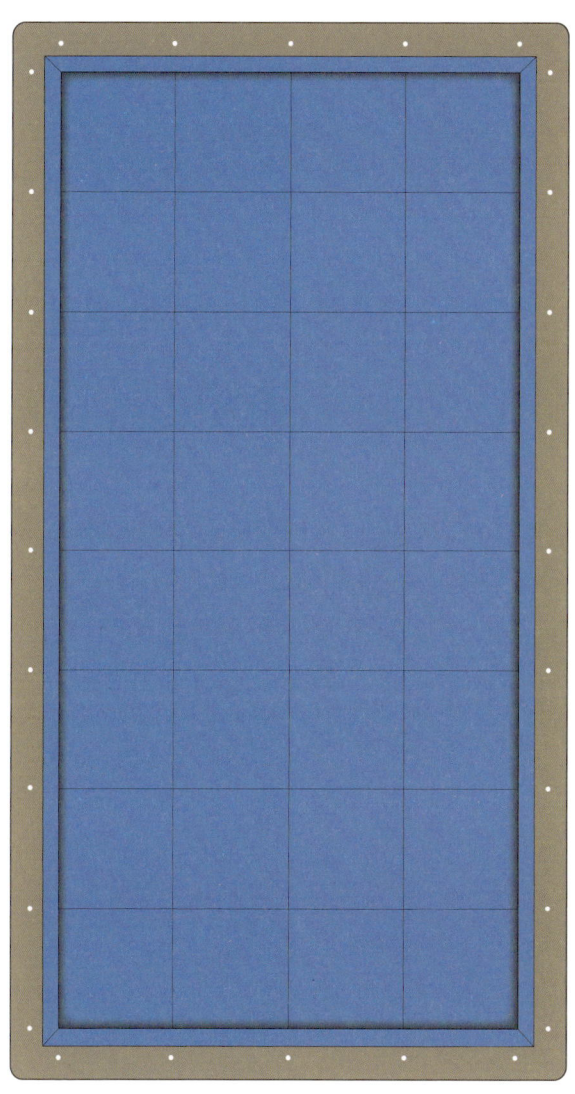

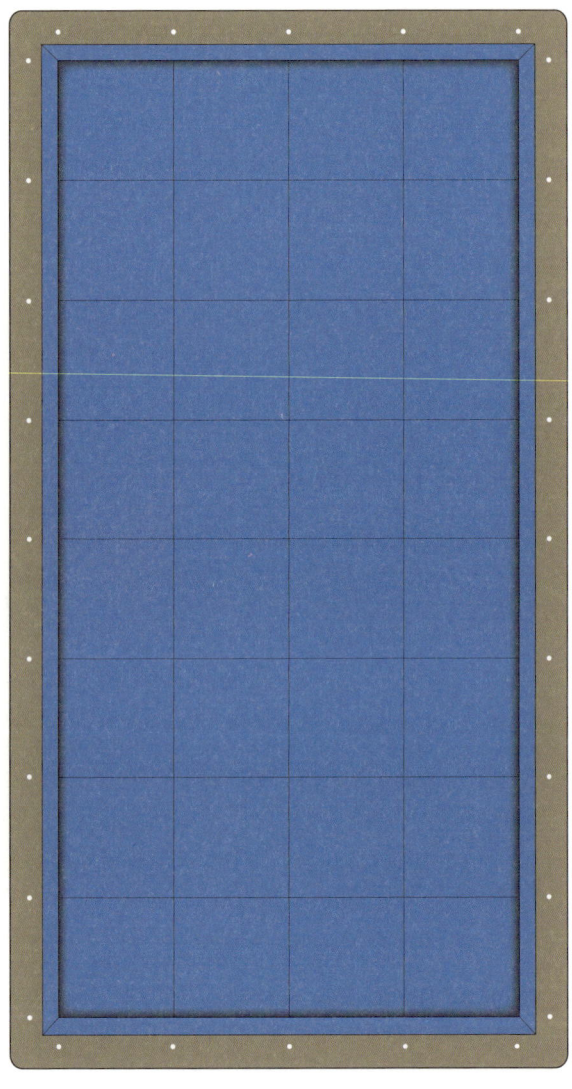

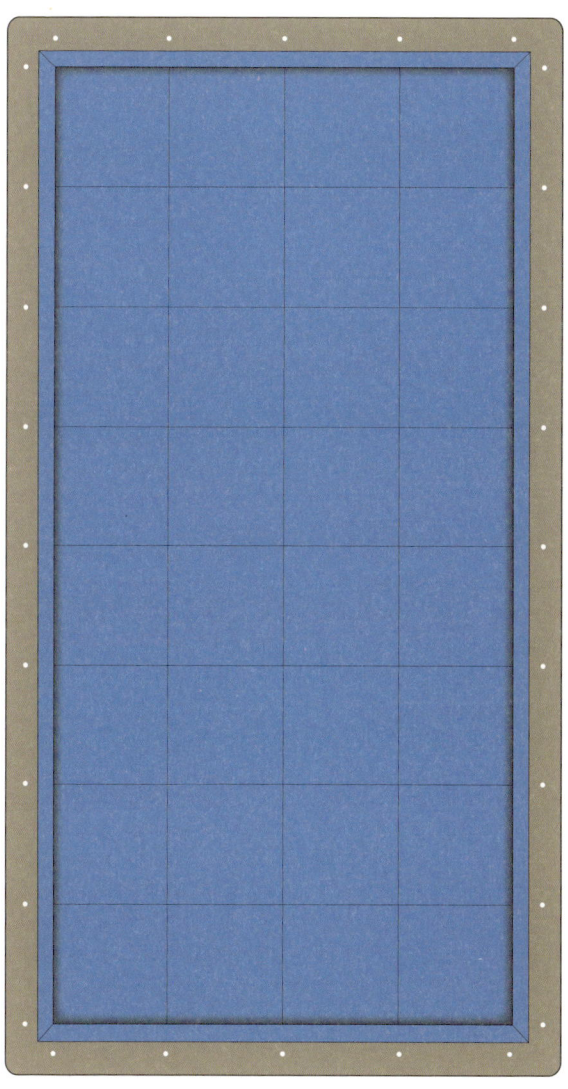

노잉글리시 이해

노잉글리시는 회전으로 인한 변화없이 목적구를 공략할 때 사용한다.

수구수(3)와 같은 맞은 편 위치(3)를 맞추려면 수구수 ½ 지점(1.5)을, 수구수보다 한 포인트 위(4)를 맞추려면 ½ 포인트보다 반 포인트 아래(1)를, 수구수보다 두 포인트 위(5)를 맞추려면 한 포인트 아래(0.5)를 겨냥한다.

150p '노잉글리시 당점변화'를 참고하여 회전을 사용한다.

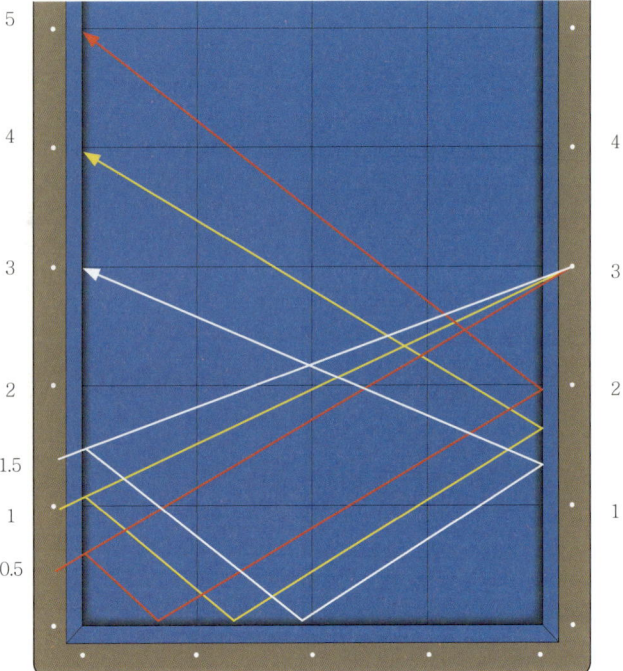

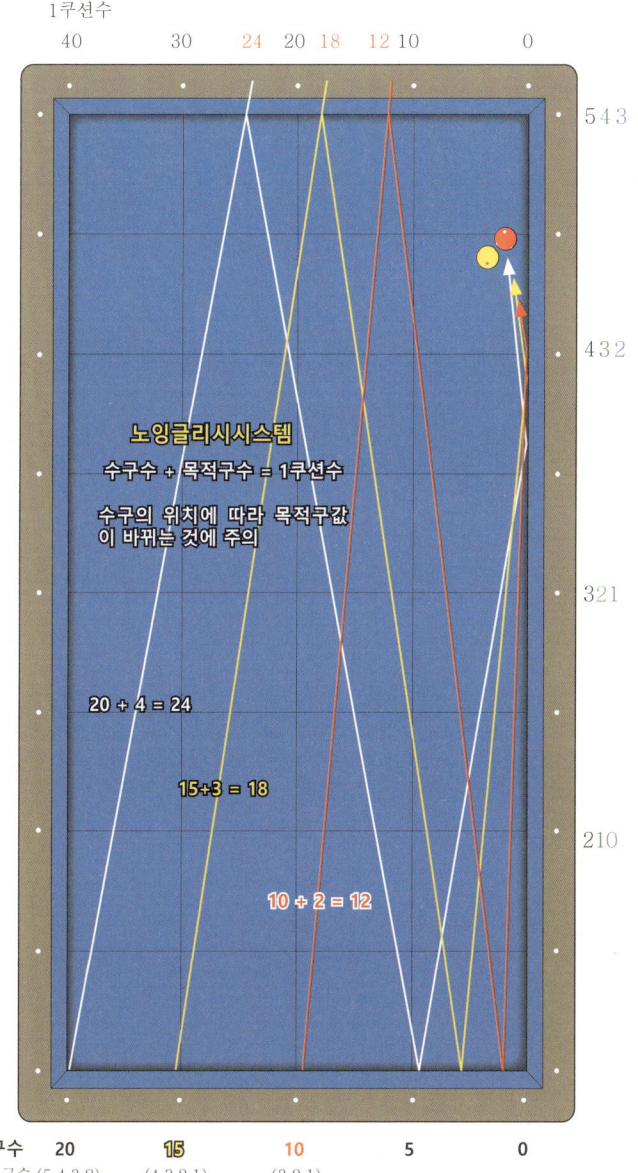

노잉글리시
시스템

회전을 주고 치는 것보다 안 주고 정확히 치는 것이 더욱 힘들다. 회전을 주고 치던 습관 때문이다.

노잉글리시시스템은 기본시스템으로 해결하기 힘든 포지션일 때 유용하고 입사각, 반사각에 대한 이해를 키워준다.

아래 그림은 짧은 각 안에서 구사할 수 있는 시스템이고 오른쪽 그림은 긴 각에서 구사할 수 있는 노잉글리시시스템이다.

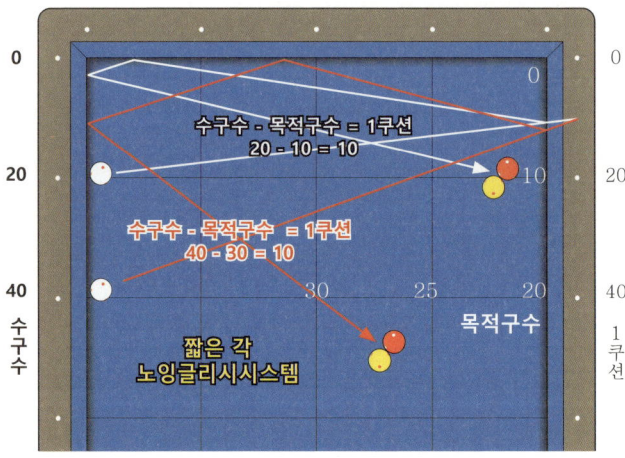

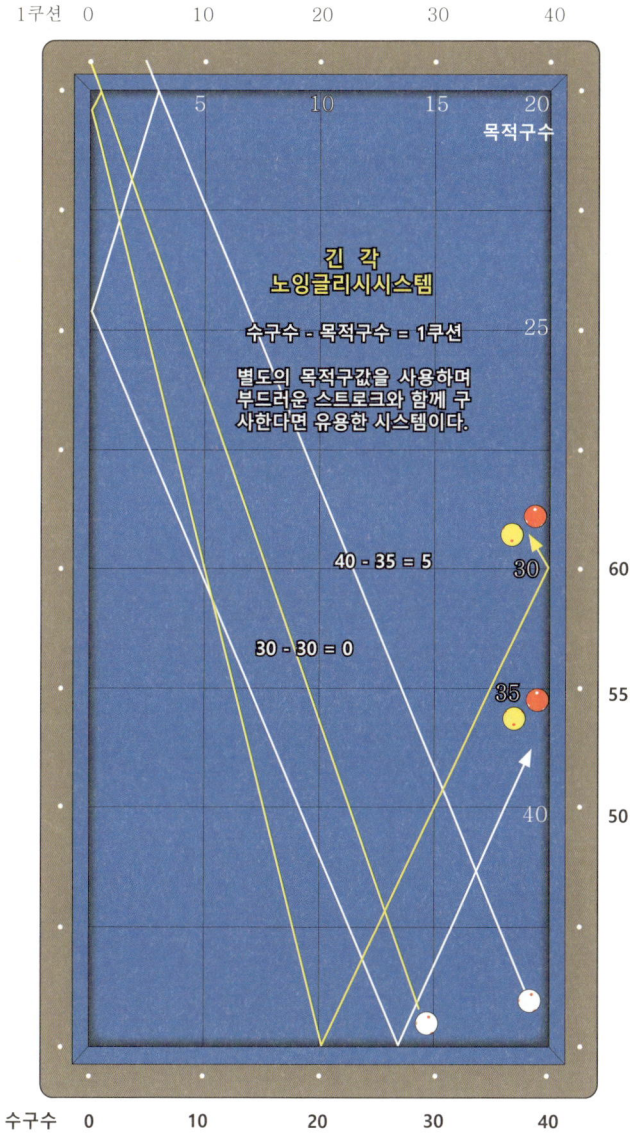

평행이동
옆돌리기

노잉글리시 테크닉의 기초로 알려진 이 방법은 짧은 각과 긴 각 모두 효과적이며 짧은 각 옆돌리기가 부담스러운 모든 이에게 큰 도움이 될 것이다. 노잉글리시를 익힌 후에는 회전을 주어 두께에 대한 부담을 줄이고 부드럽게 치는 연습을 한다.

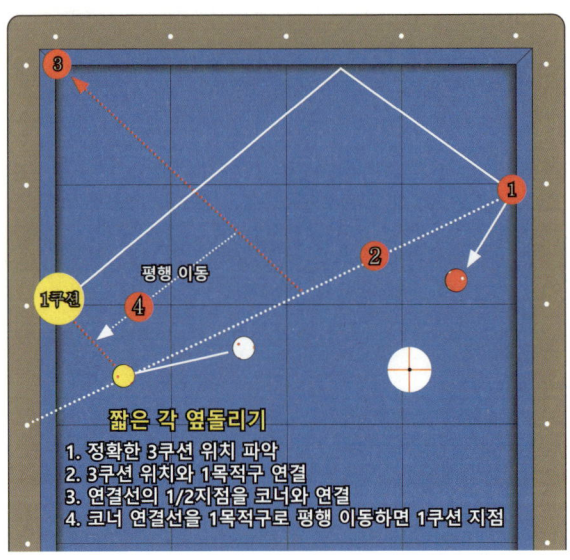

짧은 각 옆돌리기
1. 정확한 3쿠션 위치 파악
2. 3쿠션 위치와 1목적구 연결
3. 연결선의 1/2지점을 코너와 연결
4. 코너 연결선을 1목적구로 평행 이동하면 1쿠션 지점

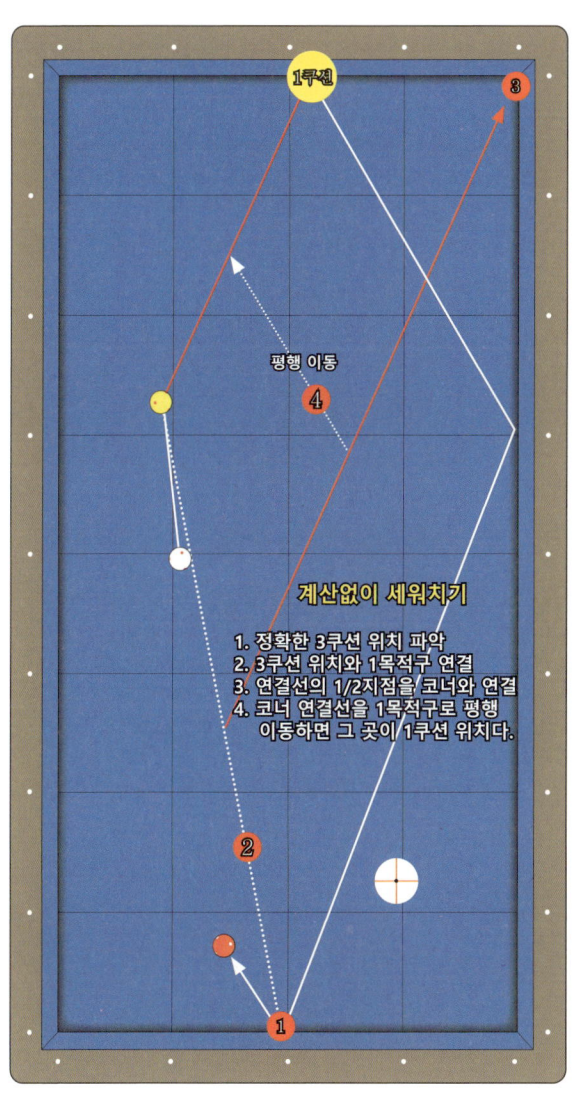

노잉글리시
다이아몬드시스템

파이브앤하프시스템을 구사하다보면 자연스럽게 시스템상의 한계를 깨닫게 된다. 짧은 유형과 늘어지는 유형에 대한 대비가 대표적인데 그 때 필요한 것이 바로 노잉글리시 다이아몬드시스템일 것이다. 무회전 파이브앤하프시스템이라고 해도 좋겠다.

파이브앤하프시스템으로 해결하기 힘든 유형을 만나게 되면 노잉글리시 다이아몬드시스템을 먼저 떠 올려보자.

3쿠션 게임중 만나는 많은 수의 뒤돌리기나 옆돌리기등 무회전이 필요할 때가 있는데 그런 상황에서 더 없이 유용한 것이 바로 노잉글리시 다이아몬드시스템이다

1쿠션은 파이브앤하프시스템과 같고 수구수와 3쿠션수가 다른데 3쿠션수는 6의 곱셈으로 이루어져 있다. 수구가 늘어지는 수구수에는 보정값이 존재한다.

계산은 파이브앤하프시스템과 같은

1쿠션수=수구수-3쿠션수

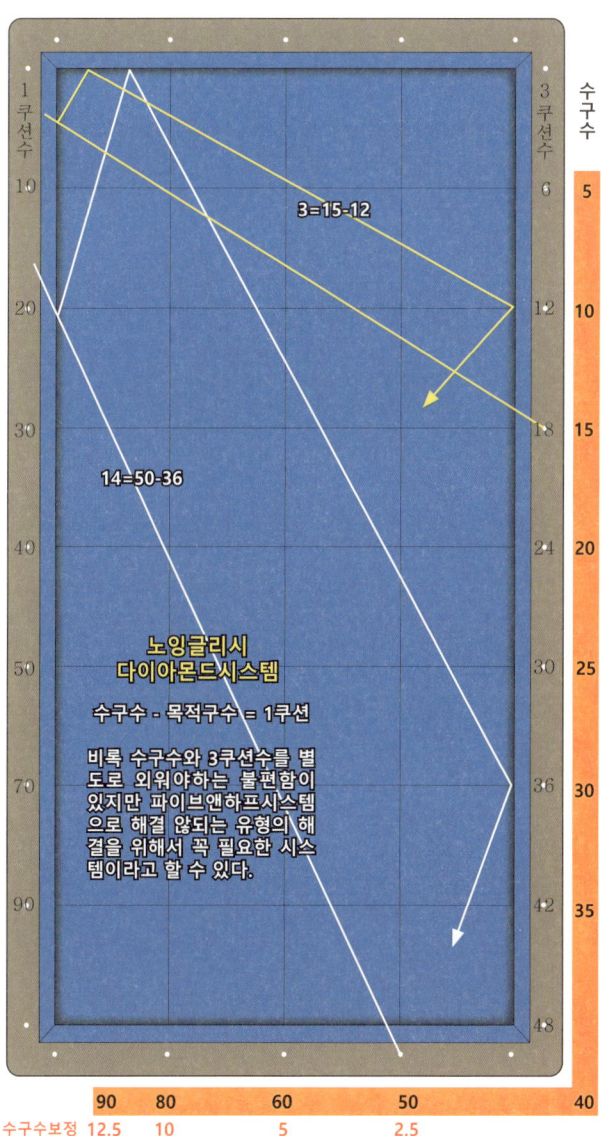

노잉글리시횡단
더블시스템

이 시스템은 무엇보다 힘의 안배가 중요하다. 반복 연습을 통해 익숙해지는 것이 답이지만 1쿠션을 제대로 보내면 2,3쿠션은 대부분 정확하게 도착한다.

마땅한 해결책이 없는 다음과 같은 포지션일 때는 더블쿠션을 생각하지 않을 수 없지만, 감각만으로 첫 번째 쿠션을 찾는 것은 매우 힘들다. 그런 순간에 좋은 가이드 역할을 해주는 것이 횡단더블시스템이다.

당점은 12시 2팁이고 계산은 목적구의 위치에 따라

1쿠션=수구수×6 (수구수의 60%)
1쿠션=수구수×7 (수구수의 70%)

로 계산한다.

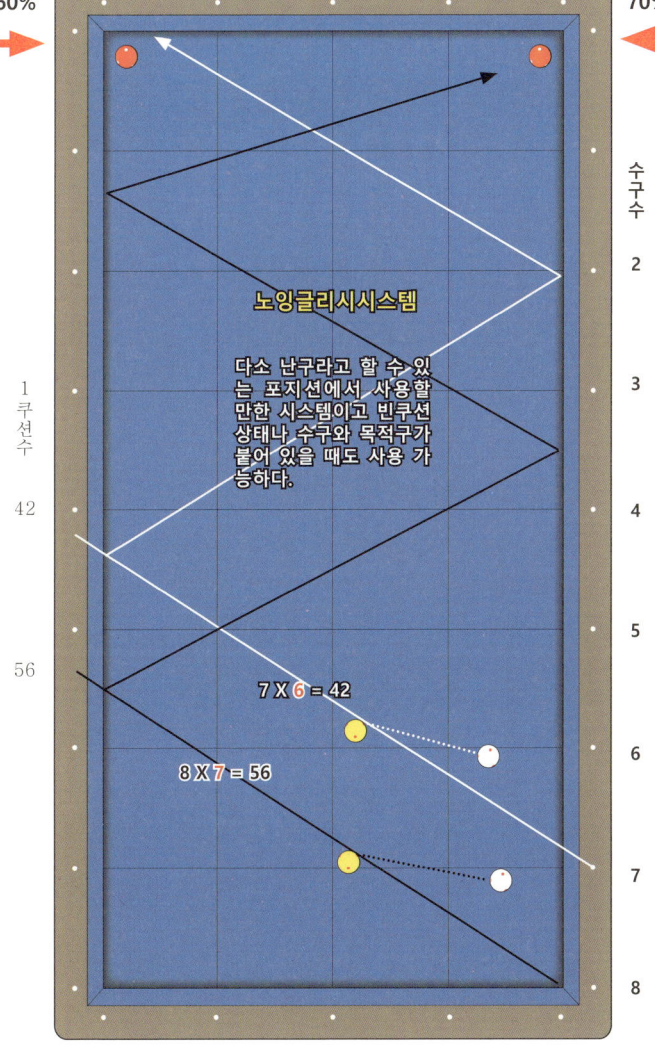

012노잉글리시
대회전시스템

이름은 012시스템이라고 기억하는 것이 편하다.

수구와 목적구가 그림처럼 놓이게 되면 파이브앤하프만으로는 계산이 불가능하거나 까다로운 상태가 된다.

특히 수구에 회전을 줄 수 없는 상태라면 더욱 어려운데 6쿠션 대회전으로 짧게 해결가능하다면 파이브앤하프시스템을 사용하고, 길게 도착해야하는 포지션은 012노잉글리시시스템을 사용한다.

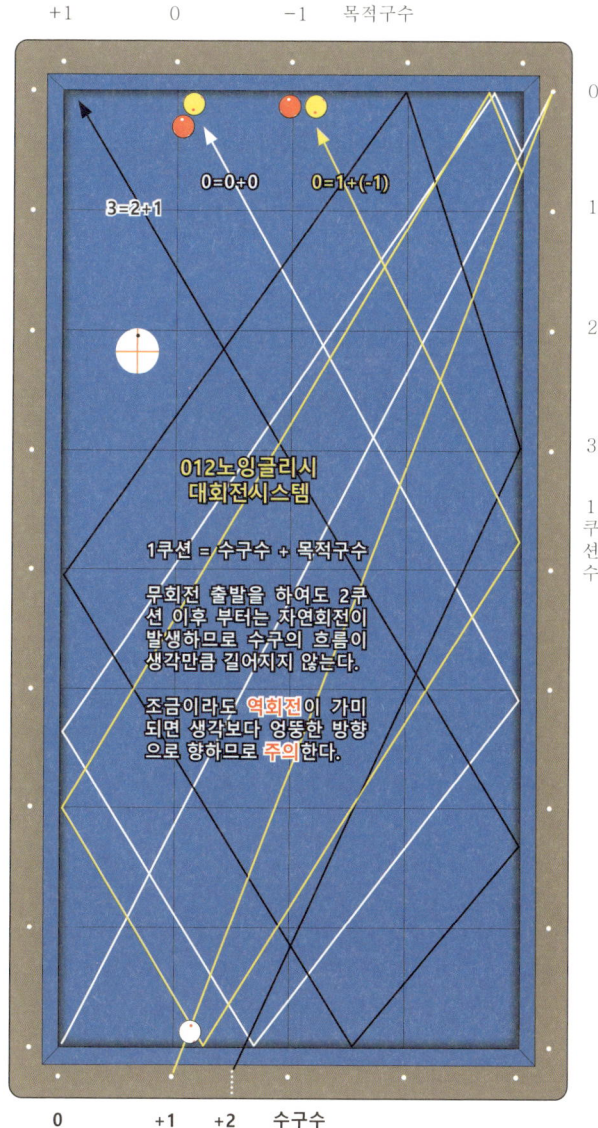

노잉글리시
036시스템

앞돌리기 포지션은 파이브앤하프시스템만으로도 해결가능하지만 시스템을 응용할 수준이 아니라면 오른쪽 그림처럼 롱쿠션 상단에서 출발하는 경우에는 계산이 불가능할 수 있다.

오른쪽 그림의 앞돌리기는 베르니 시스템이라고 부르며 계산은

1쿠션=수구수-3쿠션수

1쿠션 값은 숏쿠션 중앙을 기준으로 진행방향은 0,3,6, 반대방향은 0,-3,-6으로 사용한다.

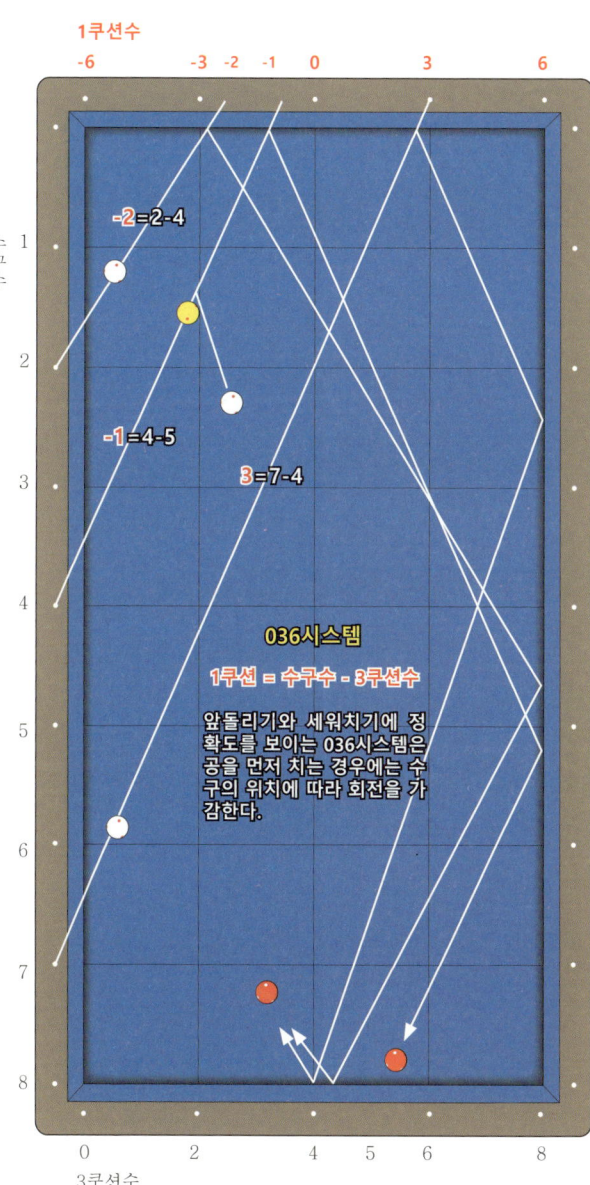

노잉글리시
1234시스템

수구 위치와 2쿠션 위치가 모두 1234이기 때문에 쉽게 외울수 있고 정확도도 높은 편이다.

1234시스템은 수구와 목적구의 위치가 그림처럼 기본시스템으로 해결하기 힘들 때 적합하다.

1쿠션수=수구수×2쿠션수

수구의 방향에 따라 달라지는 2쿠션수를 주의해야 한다.

하얀색 실선처럼 2쿠션 이후 수구가 롱쿠션을 향할 때는 포인트를 1,2,3,4로 사용하고 2쿠션 이후 숏쿠션으로 향할 때는 5,6,7,8을 사용하는데 이때는 포인트가 아닌 포인트 좌우 위치를 사용하는 것에 주의한다.

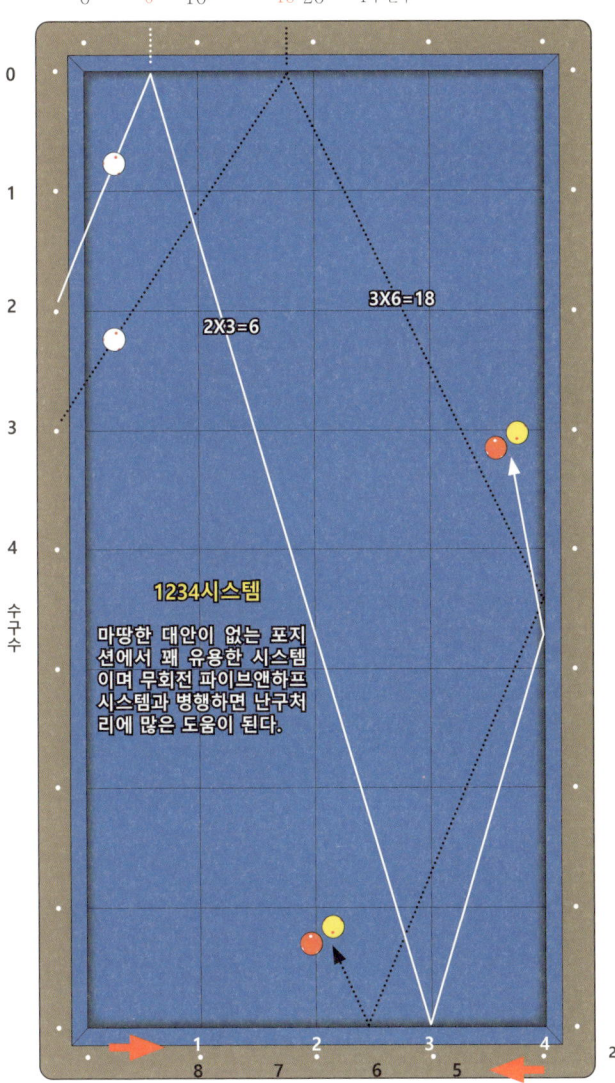

노잉글리시
2뱅크시스템

무회전 투뱅크의 대표적인 시스템이며 매우 오래 된 시스템중 하나로 오른쪽 그림처럼 단.장.단은 물론 장단장 유형도 가능하며 입사, 반사각에 대한 이해 없이도 노잉글리시만 구사 할 수 있다면 손쉽게 득점 할 수 있다.

계산은 **1쿠션=수구수×2쿠션수**이다.

노란색 공 위치처럼 1적구가 테이블에서 공 하나만큼 떨어지면 2쿠션 위치를 한 포인트 올려서 계산한다. 같은 방법을 숏쿠션에 사용할 수 있다.

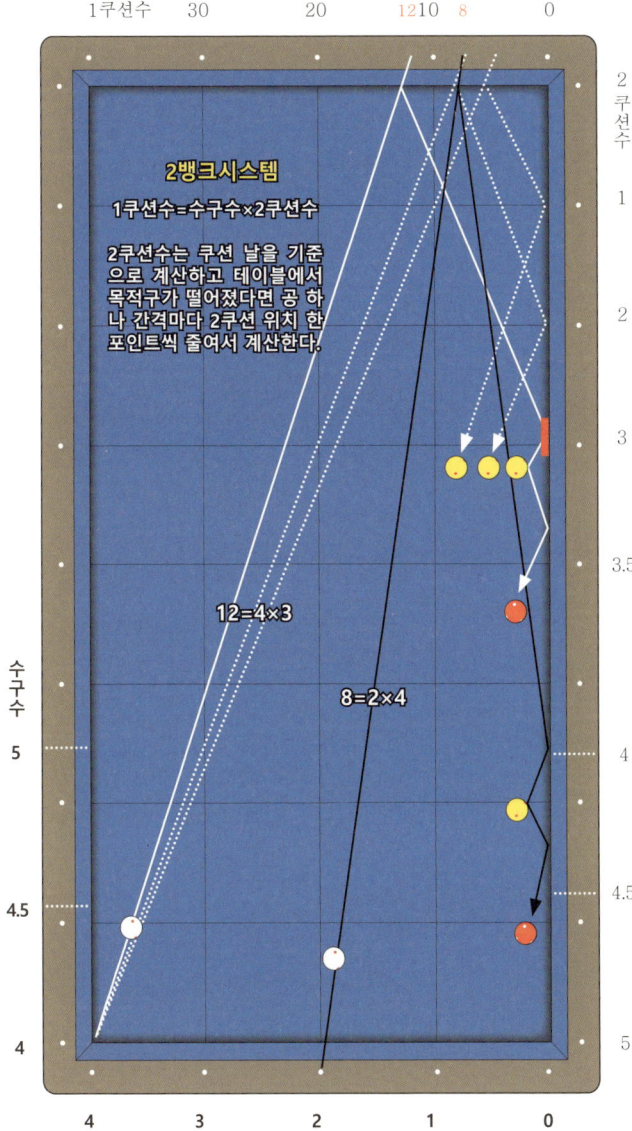

567시스템
세워치기

기본시스템 몇가지를 익히고 원활하게 구사하게 되면 난구를 해결할 시스템을 찾게 되는데 그중 한가지가 세워치기다.

목적구의 위치값이 5,6,7인 단.단.장 시스템이며 계산은

1쿠션=3쿠션수×수구수로 한다.

빈쿠션을 구사할 때에는 노잉글리시를 구사하고 볼을 맞춰 공략할 때에는 9시 회전을 사용한다. 회전을 적용할 때와 무회전을 적용할 때 수구값이 다른 것에 주의한다.

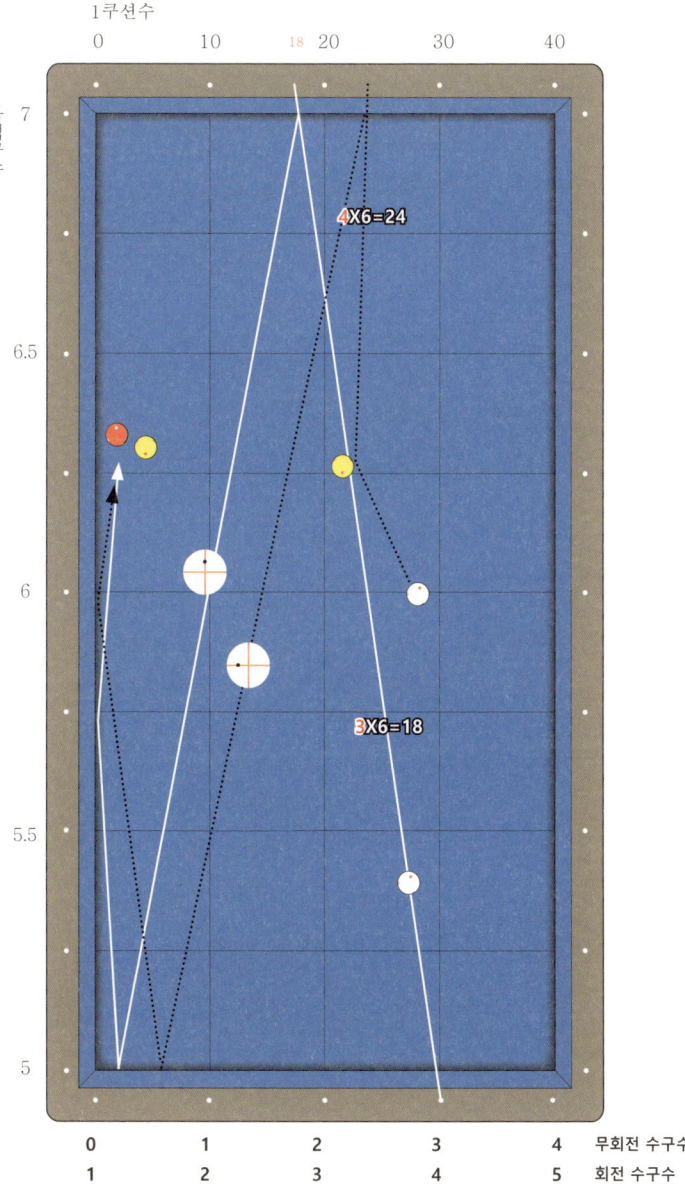

567시스템
더블쿠션

목적구의 위치값이 567세워치기 시스템과 같은 5,6,7인 단.단.장 시스템으로 계산도

1쿠션=3쿠션수구×수구수

로 세워치기와 같다.

부드럽고 간결한 스트로크를 사용한다.

빈쿠션을 구사할때는 노잉글리시를, 볼을 먼저 칠때는 3시,9시 당점을 사용한다.

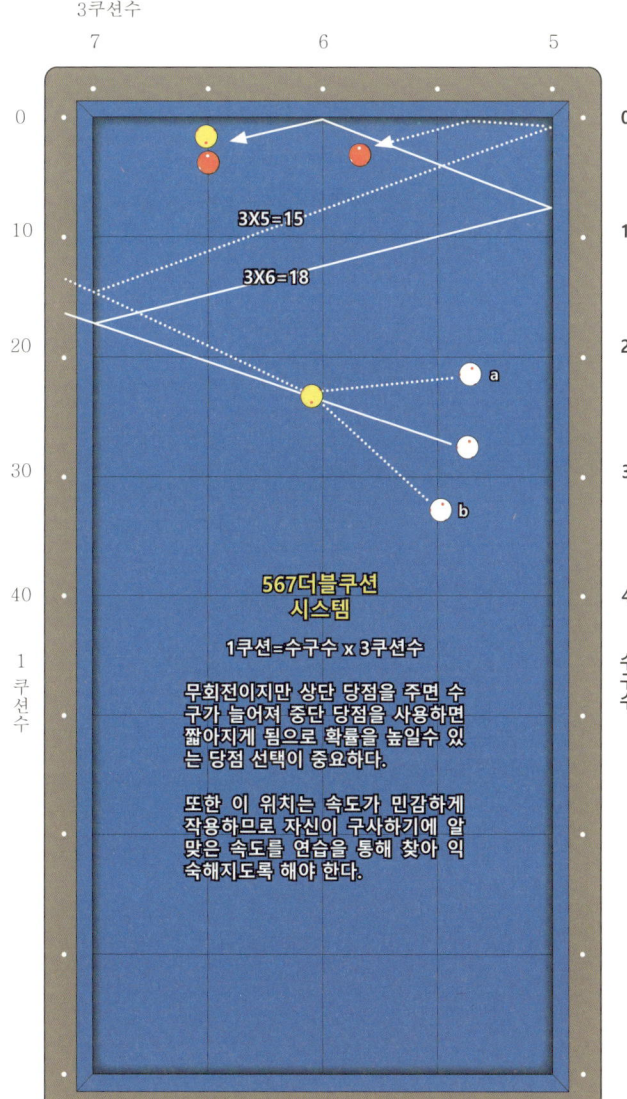

무회전
옆돌리기

옆돌리기시스템은 파이브앤하프시스템으로도 충분히 해결가능하지만 테이블 구조와 노잉글리시 스트로크 연습에 도움이 되는 시스템이라고 할 수 있다.

수구수와 3쿠션수는 포인트 숫자를 함께 사용하고 1쿠션은 수구수의 두배인 20,40,60,80으로 사용하고 계산은 **1쿠션수=수구수-3쿠션**이다.

수구와 목적구의 위치만 맞다면 손쉽게 사용할 수 있는 방법이다.

계산이 편리한 대신에 무회전 또는 자신만의 당점에 익숙하지 않으면 다소 정확성이 떨어질 수 있으니 꼭 연습후에 구사해야 한다.

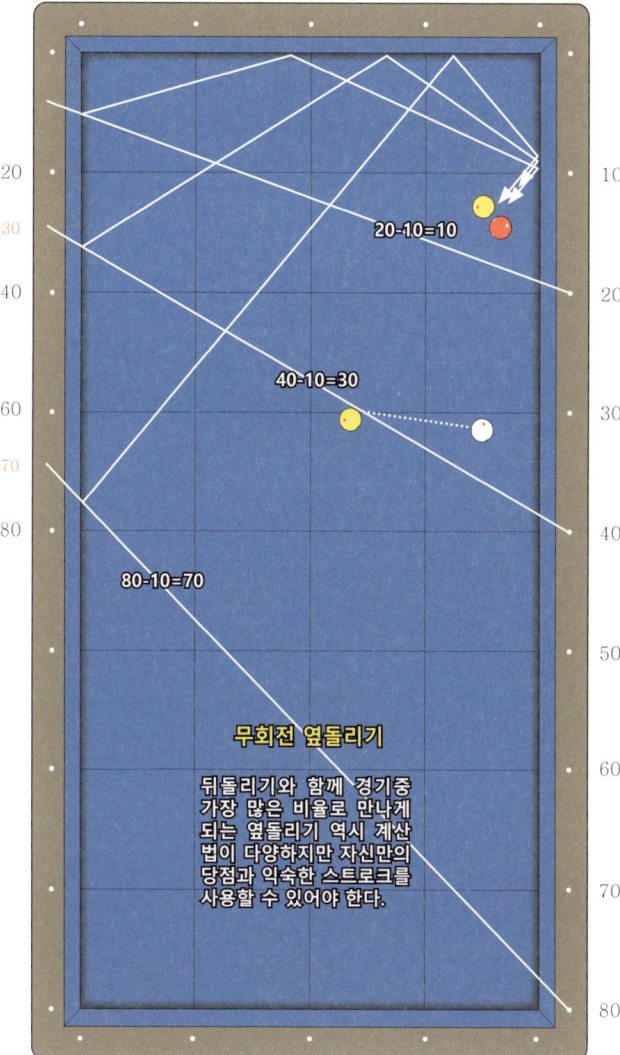

노잉글리시
당점변화이해

20세기 3쿠션이 강한 힘과 회전에 의한 퍼포먼스가 많았다면 21세기에는 알맞은 힘과 정확한 당점 사용, 간결한 스트로크에 의한 정교한 플레이가 주류가 되었다.

노잉글리시를 시작으로 당점을 바꿔 구사하면 변화를 익힐 수 있으며 테이블 구조에 더욱 익숙해지고 기초를 다지게 된다.

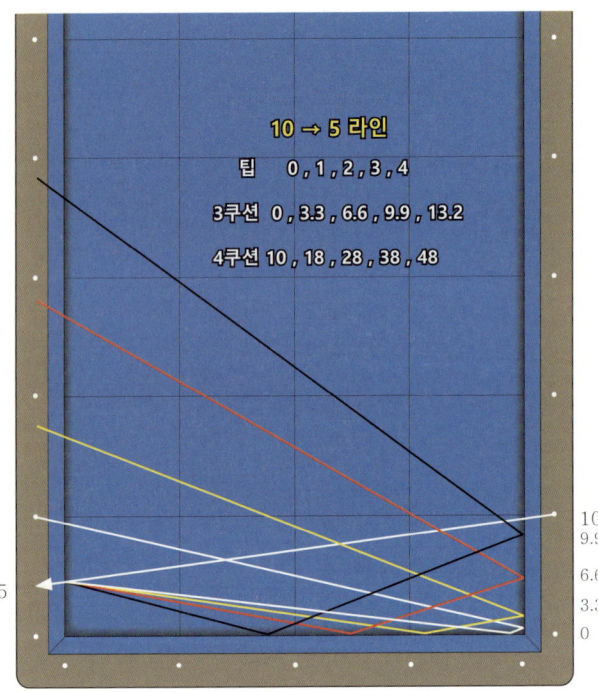

10 → 5 라인

팁   0 , 1 , 2 , 3 , 4

3쿠션 0 , 3.3 , 6.6 , 9.9 , 13.2

4쿠션 10 , 18 , 28 , 38 , 48

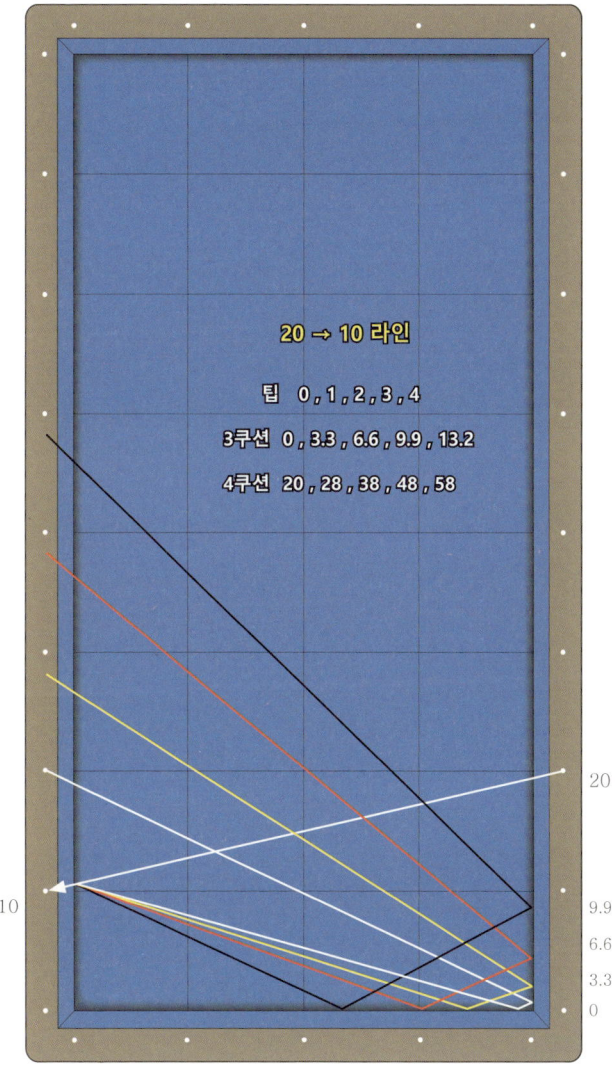

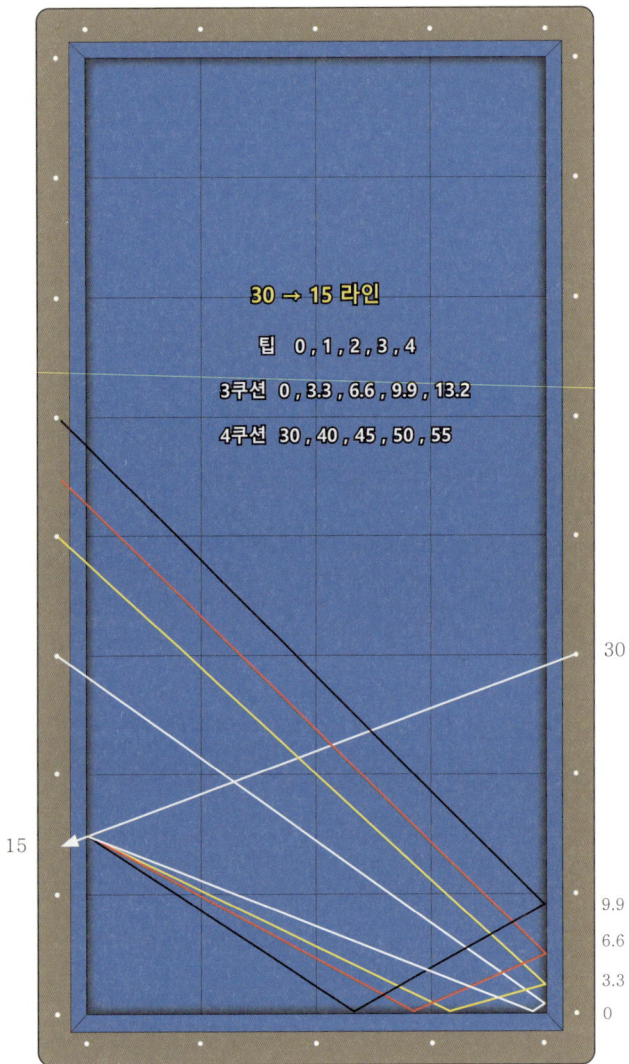

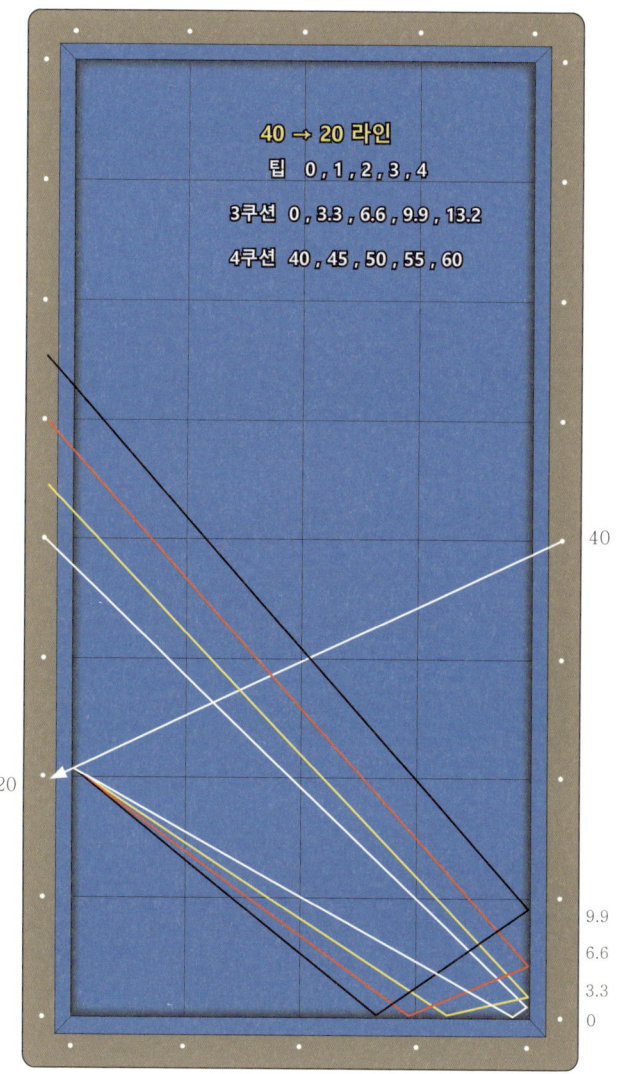

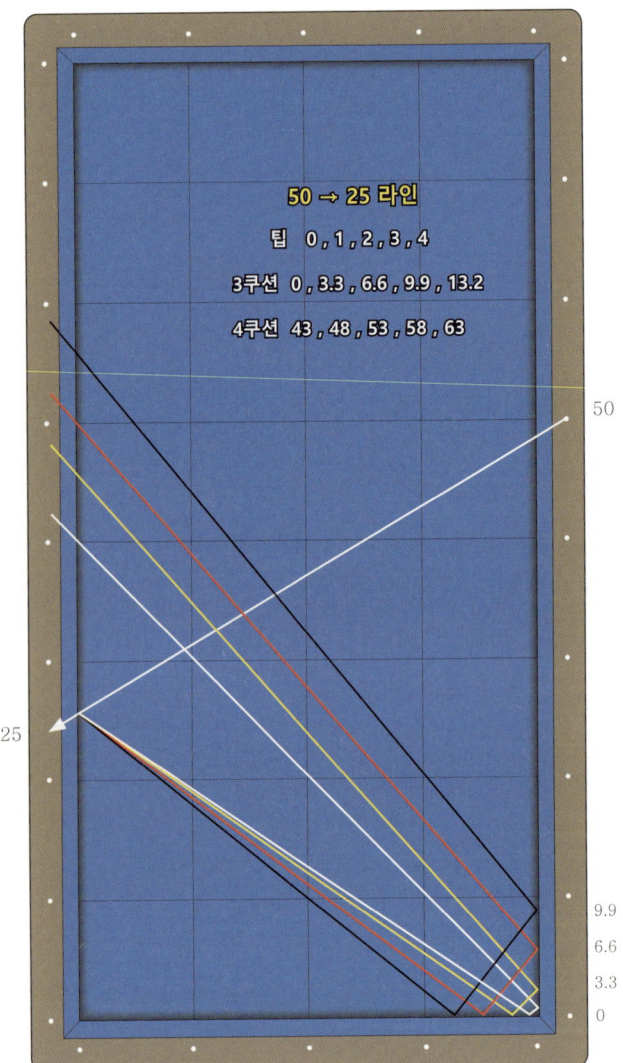

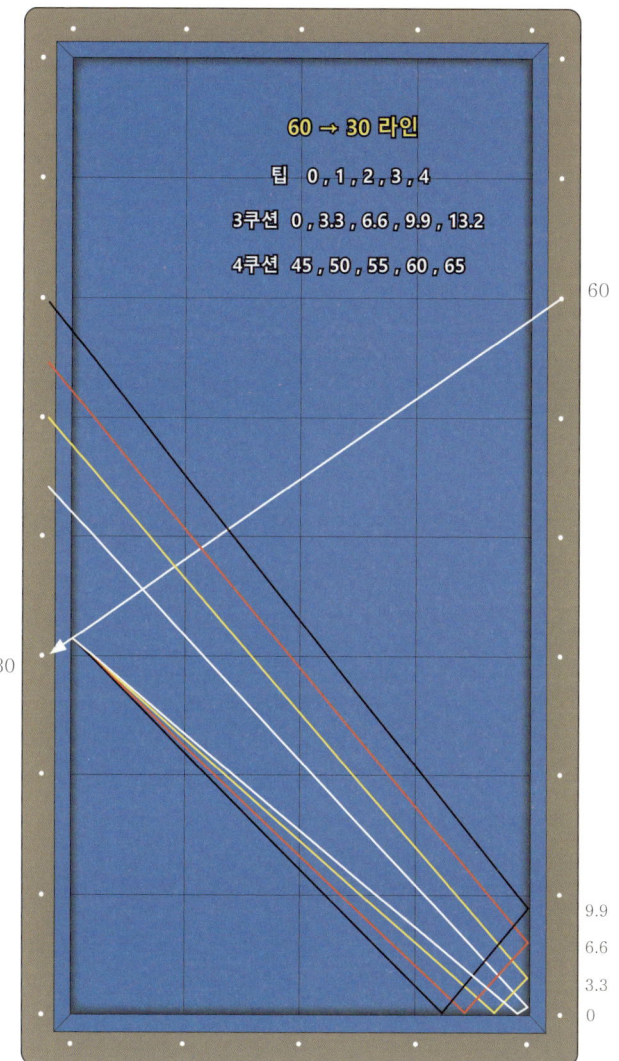

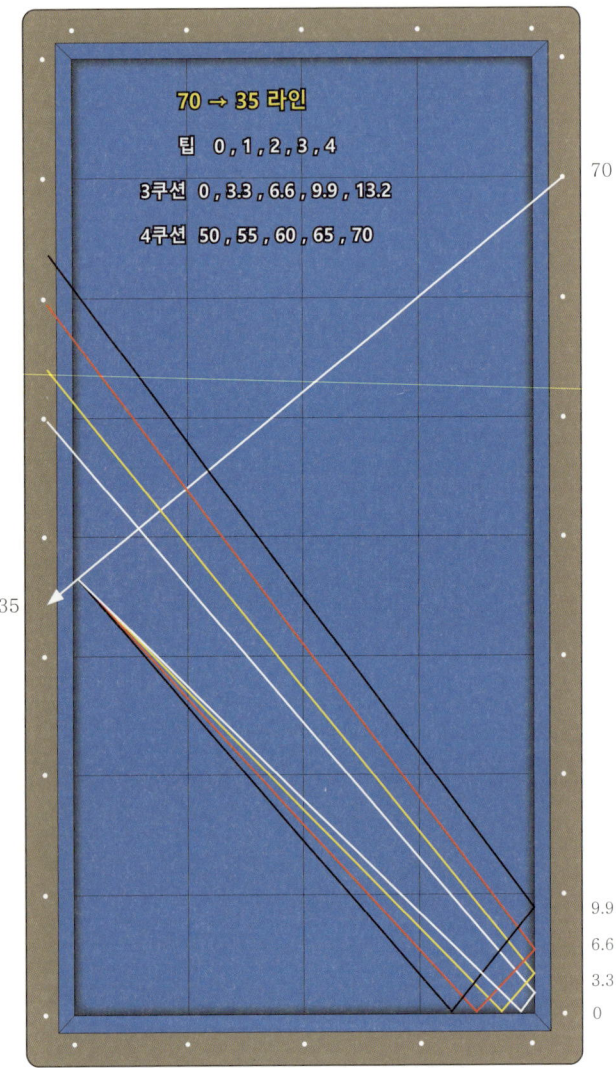

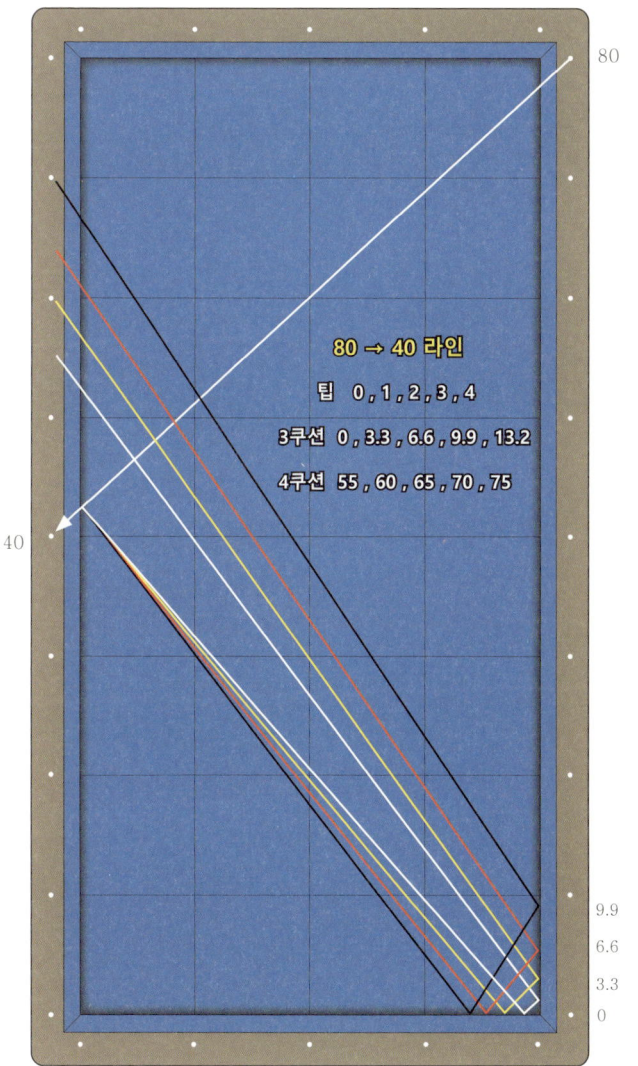

체계화된 감각을 위한
시스템

시스템을 배우는 목적은 체계화된 감각을 만들기 위함이다. 물론 시스템을 배우지 않고 감각만 사용해도 3쿠션은 가능하다. 오히려 어설픈 시스템보다 훈련된 감각이 훨씬 정확할 수도 있다.

굳이 당구가 아니더라도 인간의 감각은 기계를 능가하는 놀라운 것이기에 공간감이 뛰어나고 집중력까지 갖춘 사람이 꾸준한 연습을 통하여 극대화된 감각을 가지고 있다면 굳이 시스템을 배울 필요는 없을 것이다.

하지만 그 정도 연습을 할 수 있는 환경이나 재능을 가지지 못한 사람은 위대한 선수들이 경험하고 만들어 놓은 **시스템이라는 이름의 정보**를 연습의 기준으로 삼아 발전을 도모하는 것이 옳다고 하겠다.

시스템이 당구실력에서 차지하는 비중은 30% 수준에 불과하다. 나머지는 운동능력과 스트로크의 경험에 있다.

시스템과 당점은 원하는 사람 누구나 쉽게 알 수 있지만 감각의 영역인 스트로크 만큼은 수치화할 수 없음에도 불구하고 당구실력의 절반 이상을 차지한다. 다행인 것은 스트로크는 반복 경험과 꾸준한 연습으로 향상을 꾀할 수 있다는 점이다.

또한 적어도 입문 단계에서는 모든 시스템을 배우는 것은 의미가 없으며 시스템만으로 3쿠션을 구사한다면 흥미를 잃을 수도 있다. 파이브앤하프와 플러스시스템 정도만 알고 응용한다면 충분할 것이다. 시스템을 알아도 두께, 당점, 스트로크 속도에 대한 전반적인 이해가 요구되기 때문인데 결국 **시스템 또한 충분한 경험이 뒷받침되어야** 그 빛을 발할 수 있기 때문이다.

시스템은 3쿠션을 배워가는 재미요소로 여기고 꾸준히 익히면서 자연스러운 발전과 함께 당구 자체를 즐기는 것이 가장 바람직한 태도라고 할 수 있다.

개정판

3쿠션 시스템가이드 핸드북
3cushion system guide for beginner

지은이 **정명섭**

2017년 3월 25일 초판 1쇄 인쇄 | 2017년 4월 5일 1쇄 발행
2018년 8월 10일 2쇄 인쇄 | 2018년 8월 24일 2쇄 발행
2023년 11월 6일 3쇄 인쇄 | 2023년 11월 13일 3쇄 발행

펴낸이 | 송기연
편집디자인 | 정명섭
펴낸곳 | 스냅사진 출판사
출판등록 | 제2014-000109호
주소 | 서울특별시 영등포구 도림로 433
전화 | 010-3310-3829 팩스 | 02-6180-3829
이메일 | snapsazin@gmail.com
홈페이지 | www.snapsazin.com

ISBN 979-11-953358-9-3 (13690)
정가 12000원

이 책의 판권은 지은이와 스냅사진 출판사에 있습니다.
저작권법에 따라 보호받는 저작물이므로 무단전재와 복제를 금합니다.
파본이나 잘못된 책은 구입하신 곳에서 교환해 드립니다.

이 도서의 국립중앙도서관 출판시도서목록(CIP)은 서지정보유통지원시스템(seoji.nl.go.kr)과 국가자료공동목록시스템(www.nl.go.kr/kolisnet)에서 이용하실 수 있습니다.(CIP제어번호: CIP2017002218)